El Poder Pensamientos y las Emociones

Ley de Atracción y Técnicas de Manifestación para Crear la Vida de Tus Sueños

MELISSA H.

Contenido

Introducción

Dentro de cada uno de nosotros se desata, como una cascada que no cesa, una cantidad increíble de energía que forma el universo. Asimismo, hay mucho conocimiento que es ubicuo, actúa todo el tiempo, hay que aprovecharlo en nuestro beneficio.

Muchas personas pasan la vida, desde que nacen hasta partir a otro plano, viviendo solo con lo que alcanzan a percibir en el plano físico con sus ojos. Se debe aprender a observar la consciencia y conocer el interior de cada uno. Es atreverse a cruzar el umbral del conocimiento con una serie de conceptos que forman parte de la esencia y que están allí, siendo utilizados sin siquiera tener consciencia de que se hace.

Es aprender a conocer la manera en la que se crea la realidad. La forma en la que se crea el pensamiento, luego se siente y al final llega la actuación. ¿Cómo infiere esto en la vida? La mente se basa en leyes que conectan con el mundo, le insertan modos de actuar por medio de la fuerza tan grande que tienen los pensamientos, que funciona cual, si fuera una estación, recibiendo y enviando mensajes como pasajeros en un tren que va por la vida recorriendo las rutas hasta que se parte a otro lugar.

Todo basado en la ley de atracción y la ley de control. Posterior llegan las leyes de la manifestación, donde las afirmaciones tienen un poder increíble en cada uno de nosotros. Aprendiendo a controlar los pensamientos, cambiarlos cuando sea necesario y aplicarlos de manera correcta cuando surjan.

Para hacer de nuestro entorno y de cada uno de nosotros unos mejores seres, hay muchas herramientas: método Silva, las técnicas de Vitale o de Joe Dispenza. Herramientas interconectadas que permiten cambiar los comportamientos para hacernos el mundo un poco mejor.

Finalmente, estamos arraigados a unas leyes universales del éxito, que se conectan con la esencia que poseemos y están, aunque no se quiera, presentes en cada uno de nosotros y algunas de ellas se manifiestan a diario y actúan de acuerdo a cómo se actúe con el mundo.

Por ejemplo, la ley de causa y efecto, la cual te permite disfrutar de la vida de acuerdo a cómo se actúe con el mundo exterior. Cuando se actúa de una manera esto siempre traerá unos hechos a la vida que pueden ser positivos, depende de cómo fue el causante.

Esta no es la única ley, son siete, y todas se abordan en este libro, además, se tratan muchos otros temas, en todos se explican qué son, cómo usarlos y los beneficios de cada uno.

Conocer lo que hay más allá de nuestra vista es importante para cambiar todo el entorno. Es la mejor manera de aplicar con éxito estas técnicas en la vida y atraer por medio de la fuerza de atracción, la vida de los sueños.

Que comience la transformación.

Capítulo 1. Mente subconsciente: mundo interior

¿Qué es la mente subconsciente?

¿Has escuchado alguna vez el término de mente subconsciente y el poder que tienen los pensamientos y las emociones para crear y manifestar tus metas en la realidad?

Durante años, la mente subconsciente se ha estudiado a nivel científico, mientras más se analiza su poder y funcionamiento, más se tiene la certeza de que es infinito y que existen muchas cosas por descubrir.

La mente es extraordinaria, es un mundo interior interesante y encierra grandes secretos de la vida, siendo uno de ellos cómo es qué funciona exactamente la mente subconsciente.

Dentro del psicoanálisis se define al subconsciente como la parte menos accesible de la mente, donde están almacenados los recuerdos y tienen lugar los pensamientos.

Para explicar el concepto se suele utilizar el ejemplo de la metáfora del iceberg, la consciencia es como la punta del iceberg, se ve a simple vista, por lo que el subconsciente o inconsciente es la última parte del iceberg, la que se encuentra más baja, por debajo de la línea de flotación y que no se puede ver, aunque se tiene la certeza de su existencia porque es la base de este.

El subconsciente es un término original del psicoanálisis y se refiere a todo lo que se tiene guardado o almacenado bajo la propia consciencia, como si se encontrara escondido y no se pudiera ver a simple vista.

Lo maravilloso de la mente subconsciente es que es posible acceder a la información que se tiene almacenada en ella, para lograrlo es vital conocer las técnicas y formas de conexión con tu ser interior y el poder superior.

solo debes conocer la forma de hacerlo, así que sigue avanzando en este material y conocerás cómo.

¿Qué tipo de información se guarda en el subconsciente? Es la información que se tiene almacenada allí y no se puede acceder a ella como se hace fácilmente en la consciencia. En ella se esconden todo lo que dirige la conducta humana, los pensamientos, y todo lo que expresamos.

Todo esto da lugar a que aparezcan determinadas patologías, que debes vencer y que puedes hacerlo centrándote en tu potencial para así lograr todo aquello que tanto deseas lograr y obtener lo que realmente estás destinado a obtener.

Aunque, a pesar de lo difícil que resulta tener acceso al subconsciente, todos los contenidos almacenados allí se asoman de distintas maneras.

Algunos ejemplos de expresión del subconsciente

- **Los sueños:** las experiencias que se viven en la infancia, pueden tener sueños relacionados en la adultez, suceden, aunque no se tenga consciencia de ello. Se dan sin siquiera pensarlos.

- **Las acciones inconscientes:** cuando tu comportamiento no corresponde a lo que realmente deseas, es algo que debes corregir y puedes hacerlo prestando atención a la expresión del subconsciente.

- **Los lapsus linguae:** cuando se habla de un tema y de repente se dice una palabra o frase que no tiene relación con esto. Es cuando sale a la luz este tipo de información que se tiene almacenada en el subconsciente cuando el nivel de consciencia disminuye.

Características de la mente subconsciente

Son varias las características:

A nivel de la mente subconsciente y del plano espiritual no existe el tiempo, es por eso por lo que internamente una persona se siente joven y llena de vitalidad, aunque el cuerpo no esté así precisamente.

El cuerpo envejece, la esencia del ser nunca lo hace. El tiempo solo es un criterio de la mente consciente. Esto se puede comprobar con el poder de la visualización: si se comienza a diseñar la casa de los sueños en un ordenador, se le colocan los detalles que se quieren y se ve todos los días esa imagen, se hace con mucho deseo, luego de un tiempo, unos tres años, por ejemplo, tocó mudarse a otro país, tal como también se tenía visualizado. Se tiene el dinero suficiente y de repente alguien aparece y hace la oferta irresistible de una casa y cuando se consigue para sorpresa es la de los sueños. Tal y como se había soñado.

¿Cómo sucedió esto?

Parece algo de otro mundo, sucede que, al momento de visualizarla, el proceso creativo se manifestó con la idea del pasado, la casa se construyó dos años antes que se diseñara en la mente y el ordenador. A nivel subconsciente el universo ordenó todo y la casa se dio. Este es uno de los grandes fundamentos de la ley de atracción, que por cierto más adelante se abordará en detalle.

Otra de las características es que en la mente subconsciente no hay limitaciones. Estas son un criterio de la mente consciente. Un ejemplo. Cuando una persona gana mil euros al mes, imaginar que pasa a cien mil euros mensuales es algo poco probable. En el subconsciente el potencial es ilimitado, se pueden dar esos saltos o hacer de manera creciente. En el interior puedes crear todo lo que desees crear.

La mente subconsciente pone muchas resistencias a lo nuevo, porque la función es defender el ego. Se define el ego como ese conjunto de ideas que nos define como personas. Son las creencias adoptadas a lo largo de la vida. Un ejemplo, cuando en occidente dice que va a comer carne de perro, la gente, dice que no, rotundamente. Parece algo descabellado. Comerse un perro, el mejor amigo del hombre es algo inconcebible. Esto es un comportamiento adquirido. Los perros no se comen, se acepta esa idea y se instala. El ego no tolera esto.

Vencer el ego es una de las tareas que debes proponerte para transformar tus creencias. No es que va a comer perros, es identificar los paradigmas que detienen el progreso.

Una característica del inconsciente es el poder de la mente y la actuación rápida como creencia consolidada. Cuando los esfuerzos han sido capaces de generar un nuevo estado mental o sistema de creencias entonces aparece rápidamente la manifestación.

La mente funciona con imágenes y emociones, el lenguaje se vuelve poderoso porque tiene una serie de imágenes, un ejemplo: si se le pregunta a una persona que, si quiere sopa de pescado, la mente irá a los archivos y buscará sabores y experiencias con la sopa de pescado o el pescado en general.

El poder que tiene la mente subconsciente, observa el universo y lo crea. Cada uno es creador y poderoso. Todo lo que se ve, las casas, la naturaleza, la calle, todo lo que existe y se está trabajando en este momento, tiene el poder de la mente subconsciente. La mente funciona con energía mental. Todo está hecho de energía. Si se piensa de manera reiterada en atraer un melón o ver a una persona, entonces podrá atraerlos. Tanto la persona como el melón están hechos de la misma energía.

Se puede recordar la ecuación de Albert Einstein $E = mc^2$ en donde (E = energía, m = la masa, c^2 = es igual a la velocidad a la luz al cuadrado).

Ahora se ven los objetos como un coche, un perro, una persona, un barco, cualquier cosa. Tienen masa. Llega la pregunta ¿cómo funciona la velocidad de la luz? En el subconsciente no hay tiempo. La energía fluye y se tiene el poder para manifestar cualquier cosa si se logra concentrar la energía.

Beneficios de conocer y usar la mente subconsciente

Conectar con la mente subconsciente tiene una serie de beneficios. Cuando se aprende a usar se puede:

- Tener nuevas respuestas a todo tipo de circunstancias en la vida.

- Conocer la realidad energética que dará unos lentes nuevos para conseguir una mejor visión de la vida.

- Un acceso a las emociones y los bloqueos emocionales para trabajarlos y trascender como una mejor persona.

- Acceder a la mente subconsciente y la información del bienestar.

- Encontrar las respuestas que te permitirán desarrollar tu máximo potencial.

- Verificar si se tienen las creencias potenciadoras para tener buenos resultados.

- Conocerse a sí mismo y tener una conexión total con el ser.

- Cambiar los hábitos y volverlos potenciadores.

- Identificar las acciones que dan mejores resultados y hacen sentir mejor.

- El equilibrio que identifica las debilidades para convertirlas en potencialidades, energía plena para tu bienestar.

Elementos del mundo interior: pensamientos y sentimientos

Esta es la definición de pensamiento:

Hay una gran cantidad de aspectos relacionados con el pensamiento. Dar una definición es una gran tarea, de las muchas definiciones que se podrían dar, se podría tomar la que presenta los pensamientos como una actividad mental no rutinaria que requiere esfuerzo.

Se puede definir como la capacidad de anticipar todo cuanto pueda ocurrir a partir de una conducta sin realizarla.

El pensamiento es una actividad global del sistema cognitivo con la intervención de los mecanismos de la memoria, los procesos de comprensión, la atención. El pensamiento cuenta con características particulares, que lo diferencian de los otros procesos. Un ejemplo es que no necesita la presencia de cosas para que estas existan. Lo más importante es la función para poder resolver situaciones y razonar.

El funcionamiento de la mente

El concepto de la mente ha ido cambiando a lo largo de la historia. El médico francés La Mettrie fue el primero en concebir la mente como una serie de células que se interconectaban y hacían funcionar la masa física que es el cerebro. La idea da lugar a principios del siglo XX y a los modelos del procesamiento de la información que pretendía establecer paralelismos entre el cerebro y la informática.

En los sesenta aún se consideraba a la mente como una máquina en cuanto a su funcionamiento.

Luego, se incluyó la consciencia, una manera de comprender cómo y por qué se actúa.

Actualmente no hay duda respecto a los procesos mentales, la imaginación, las ideas, el pensamiento, los recuerdos, la memoria, las emociones en general, todos son procesos cerebrales y producto de un funcionamiento entre lo físico y la mente que funciona creando las imágenes de acuerdo a las bases que tiene el consciente y el subconsciente.

Aunque los estudios para su comprensión no cejan. La mente es algo maravilloso y un mundo en exploración.

Sentimientos

Los seres humanos experimentamos muchos sentimientos sin siquiera darnos cuenta: estoy feliz, aburrido, confiado.

Se puede confundir el sentimiento con la emoción, aunque están relacionados no son lo mismo.

Ambos se diferencian. Para comprenderlo se puede ir a un libro llamado "El error de Descartes" de Antonio Damasio, este autor es un investigador que le ha dado mucha importancia a las emociones y los sentimientos en el comportamiento social e incluso en el razonamiento.

Damasio dice: Cuando experimentas una emoción, cualquier tipo de emoción, hay un estímulo que tiene la capacidad de desencadenar una reacción automática. Y esta reacción, por supuesto, empieza en el cerebro, luego pasa a reflejarse en el cuerpo, ya sea en el cuerpo real o en nuestra simulación interna del cuerpo. Entonces tenemos la posibilidad de proyectar esa reacción concreta con varias ideas que se relacionan con esas reacciones y con el objeto que ha causado la emoción. Cuando percibimos todo eso es cuando tenemos un sentimiento.

De este modo se conoce la diferencia entre emoción y sentimiento.

Gestiona correctamente tus pensamientos

Cuando se siente una emoción primaria, de inmediato saltan una serie de pensamientos, en la mayoría son instantáneos, surgen desde el inconsciente, son los que llevan muchos años haciendo compañía dentro de cada uno de nosotros.

Requiere de un esfuerzo detectar el pensamiento, porque si no se tiene la costumbre de observarse a sí mismo puede ser difícil empezar a hacerlo, más no imposible. Es observarse y detectar el verdadero pensamiento, darse cuenta de lo que está sucediendo y tomar consciencia. Es una habilidad emocional que como tal puede ser entrenada.

Detectar creencias irracionales de Ellis

Estas son algunas conclusiones sobre los pensamientos que no ayudan y que necesitas conocer para poder vencerlos, las creencias irracionales de Albert Ellis.

Este es el creador de la Terapia Racional Emotiva. El método terapéutico intenta descubrir las irracionalidades de los pensamientos y con ello sanar las emociones que causan dolor y son exageradas. Se exageran porque son consecuencia de los esquemas mentales que con el tiempo y las experiencias se distorsionan.

La hipótesis que inicia Ellis es que los acontecimientos generan estados emocionales, es la manera en la que se interpretan, por tanto, se es capaz de cambiar los pensamientos y ser capaces de generar nuevos estados emocionales más acordes con la realidad. Estos son más racionales y realistas.

En el cuestionario de Ellis se busca identificar las ideas que no son racionales y que contribuyen inconscientemente a incrementar el nivel de emociones no convenientes y a vivir experiencias y emociones negativas.

Hay tres creencias irracionales basadas en Ellis:

- Con respecto a uno mismo: Debe hacer las cosas bien y merecer la aprobación de los demás por sus actuaciones.

- Con respecto a los demás: Los demás deben actuar de manera agradable, considerada y justa.

- Con respecto a la vida o el mundo: la vida debe ofrecerle condiciones buenas y fáciles para poder conseguir lo que quiere sin esfuerzo y comodidad.

A veces se puede oír la frase: "Soy así y no puedo cambiar".

Es una creencia instaurada en muchas personas donde se piensa que por tener una edad no se pueden hacer modificaciones en conductas arraigadas desde la infancia. Esto es totalmente falso, la neurociencia ha descubierto que el cerebro tiene plasticidad y se puede adaptar y cambiar, claro, cuando realmente se quiere hacer.

Hay una frase muy interesante al respecto:

Las lecciones emocionales, incluso los hábitos más profundamente incorporados del corazón, aprendidos en la infancia, pueden transformarse. El aprendizaje emocional dura toda la vida.

Cambiar las creencias y los valores almacenados en el subconsciente se puede, especialmente esos que limitan el desarrollo. Es un proceso que puede representar retos, estos se pueden vencer con perseverancia.

Es importante conocer que se es producto de las experiencias del pasado, como la observación y la repetición de las enseñanzas de los padres y las actitudes y conductas que da la vida.

Cuando se conocen entonces se asume el reto de ser el dueño de los pensamientos, con esto se abre el pasado poco a poco y se conoce y se sana.

Las cosas siempre se pueden aprender de otra manera. A veces se tropieza, pero es parte del juego de la vida. La idea es borrar eso y saber que si se puede confrontar el pasado y cambiar aquellos hábitos limitantes. A lo largo de este libro iremos profundizando en cómo hacerlo.

Claves para gestionar tus sentimientos

La inteligencia emocional exige que se identifique y comprendan los estados de ánimo. Es reconocer cuando y porqué se está enfadado, triste o nervioso y actuar sobre esos sentimientos, especialmente en las causas antes que en los síntomas.

Es aprender a trabajar las emociones de vibraciones bajas empleando técnicas o claves para confrontar estos sentimientos.

Recordar las virtudes y éxitos

Reafirmar las virtudes y los puntos fuertes es de las mejores estrategias para trabajar los sentimientos. Es pensar en lo que ha provocado una emoción y reducir el impacto de la misma.

Las personas con control emocional utilizan la autoafirmación cuando la intensidad de las emociones es baja y tienen tiempo para buscar otros enfoques de la situación.

Poner la atención en otro punto

Las personas que tratan mejor las emociones son aquellas que se distraen para bloquear los estados emocionales. Lo hacen antes que sea muy tarde y parece muy eficaz cuando prevén que van a experimentar emociones intensas y no tienen el tiempo suficiente para emprender otras estrategias.

Similar a cuando se entretiene al niño para que deje de llorar. Es buscar reducir la excitación y mantener la atención en otro punto hasta calmarse.

Es desvincularse de la emoción no deseas y así centrándose en pensamientos neutrales.

Pensar en un futuro inmediato

Las emociones intensas pueden provocar el olvido de que existe un futuro y de que esto también pasará. Las acciones de ahora tendrán consecuencias más adelante. Ahora mismo las emociones son fuertes y frustrantes, ya en una semana no lo serán.

Pensar en el futuro inmediato es eficaz para mantener el autocontrol.

La meditación

Hay muchos estudios que demuestran que los pensamientos repetitivos se pueden tratar con la meditación e incluso que ésta te puede ayudar a tener mejores pensamientos y por lo tanto una vida plena. Meditar a largo plazo ayuda además a disminuir el nivel de activación de la amígdala de manera más duradera.

La meditación tiene estudios en la reducción de condiciones y emociones que necesitas mejorar. Veinte minutos de meditación al día ayudan en hasta un 50%.

Permite que esa preocupación sea más tarde

Cada hora trae su propio afán. Se pueden posponer las emociones para más tarde. Esto funciona.

En un experimento a personas ansiosas se les pidió que pospusieran esos pensamientos cargados de energía no positiva por 30 minutos. Aunque es prolongar la preocupación por un rato se comprobó que al regresar lo hacían con menor intensidad.

Qué es lo peor que podría pasar

¿Cómo mantener la calma? Los samuráis se mantenían tranquilos incluso en situaciones límite. ¿Cómo lo hacían? Pensaban en el destino que debían cumplir para lo que estaban bien preparados.

Con esto se quiere decir que es necesario anclarse en tu propósito de vida. Es relativizar los asuntos pendientes y controlar las emociones.

Un diario de emociones

Escribir de manera expresiva sobre los pensamientos es una manera eficaz de trabajar a nivel psicológico las emociones. Se ayudan a cicatrizar las heridas.

Tener un diario de las emociones ayuda a enfrentar las situaciones y ayuda a reducir la recurrencia de los pensamientos que podrían ser menos convenientes.

Tomar un respiro para recuperar el control

El autocontrol no es infinito, hay muchas investigaciones que indican que conforme te expones a situaciones este autocontrol se va consumiendo.

Se debe pensar como un sprint, no puedes correr por 10 horas sin cansarte. Se debe parar, recuperar y al final el cuerpo no da para más. Sucede igual con las emociones, al final se cae en la situación y el autocontrol se agota y al final se puede sucumbir. Se ha demostrado que mantener el control consume glucosa como si literalmente estuvieras haciendo ejercicio. Recuperar el autocontrol tiene dos estrategias:

- Tomar una bebida azucarada.

- Usar la reafirmación positiva para gestionar las emociones de nuevo.

Un espejo para cuando todo falle

Aunque parezca sorprendente, mirarse a un espejo puede ser útil cuando se está furibundo. Hay estudios que han demostrado que mirar el reflejo de uno mismo hace que se tenga una mejor perspectiva y se separa por un momento de la emocionalidad.

Entre más consciencia se tenga de lo que se hace más se podrá controla la emoción. Mirarse al espejo incrementa los niveles de autoconsciencia y ayuda a comportarse de manera más sociable.

El motivo de las emociones, lo más importante

Al final la clave no es luchar contra las emociones sino reconocerlas y saber por qué ocurren.

Es ser honesto consigo mismo y saber las razones, no se debe hacer autoengaño. Muchas veces la gente se siente con enfado con una persona por el comportamiento que tuvo y no porque esta recibió un ascenso que se quería para sí mismo, por ejemplo. Esto causa un daño en la autoestima. Conocer la verdad real de los sentimientos ayuda a tratar la causa.

Capítulo 2. La mente consciente: mundo exterior

¿Qué es la mente consciente?

La mente consciente es la parte de la mente encargada de la razón y la lógica. Es la que dirige la mente subconsciente, se encarga de la creación y de dar órdenes. Funciona con razonamiento y lógica.

Esta es el jardinero encargado de plantar las semillas en el subconsciente, estas semillas se están plantando se quiera o no, las 24 horas del día. Unos tienen buenos efectos y otros son efectos diferentes.

Las semillas que se colocan se basan en la manera de pensar, un pensamiento optimista genera semillas iguales, sucede lo mismo con otros tipos de pensamientos. Todo lo que se siembra en el subconsciente es lo que se cosecha en el cuerpo y alrededor.

La mente consciente dirige como un director de orquesta y se encarga de dar órdenes como "soy valiente", "todo va a salir bien" también órdenes de otro tipo no tan positivas.

Cada pensamiento activa la ley de causa y efecto, es por eso la importancia de controlar la consciencia, la mente consciente solo puede ocuparse de unos siete pensamientos a la vez. Cada día se tienen unos 90 mil pensamientos. Muchos son repeticiones de días pasados. Hay una pausa entre estos, llamados espacios en blanco, es un momento de silencio que se necesita para conectar con el ser superior de cada uno.

Cada día se pasa por momentos de conexión en ese espacio en blanco. Se consiguen grandes beneficios en la salud, en la relajación en la paz interior y en la felicidad, así como en la creatividad. Para mejorar en la búsqueda de ese espacio en blanco existe una herramienta poderosa: la meditación.

"La llave del crecimiento es introducir altos niveles de consciencia en la vida diaria", dijo Lao Tsé.

La mente subconsciente es el lugar donde se almacenan los pensamientos, se puede acceder para llamar los pensamientos, como si se abrieran cajones de un armario. Es un piloto automático en la mente. Esta no cuestiona nada y procesa por igual lo que es bueno y lo que es malo. Es algo totalmente neutro y sin filtros.

El filtrado lo hace la mente consciente. Todo se experimenta, y se imprime en la mente subconsciente. Todos los pensamientos, opiniones, creencias, sucesos y teorías entran por la mente subconsciente.

Está la elección de aguardar de manera voluntaria el plan de la mente subconsciente. Los pensamientos que mejor se programan son aquellos que se cargan de emoción, como el deseo y la fe.

Características de la mente consciente

El padre de la psicología norteamericana, William James describió en los principios de la psicología cinco características de gran nivel para la consciencia, aún hoy se encuentran vigentes, son estos:

- **Subjetividad**: Todos los pensamientos son subjetivos, pertenecen a un individuo y son solo conocidos por este.

- **Cambio**: Dentro de la consciencia de cada persona, hay un pensamiento que siempre está cambiando.

- **Intencionalidad**: La consciencia es siempre de algo, apunta a algo siempre.

- **Continuidad:** James utilizó la expresión "curso de la consciencia" para dar a entender que la consciencia es algo continuo.

- **Selectividad:** James se refirió a la presencia de la atención selectiva. Es decir que en cada momento tenemos consciencia de solo una parte de todos los estímulos.

A pesar de la gran variedad de percepciones y pensamientos y la cambiante naturaleza, se tiene la impresión de la consciencia como algo que es unificado y continuo. Es una sensación de unidad de la consciencia y algunos autores la consideran una mera ilusión.

Beneficios de conocer y usar la mente consciente

Esta comprende la intimidad más profunda del ser humano. Es un lugar donde nadie accede, solo la propia persona. Esta persona puede acceder y es donde se dan los pensamientos más profundos y relevantes.

Es un espacio sumamente íntimo donde se interactúa con los pensamientos.

Cada persona puede decidir abrir ese espacio a otros, es imposible que todo traspase los límites de esa puerta. Siempre se queda información en la más absoluta intimidad.

Por lo general se vincula con los pensamientos profundos, cuando alguien necesita encontrar la respuesta a una cuestión trascendental de la vida se debe hurgar en la consciencia para hallarlo. La consciencia se asocia a la reflexión interior.

Las personas son capaces de examinar la consciencia y tras ello elegir una opción, normalmente compite generando una lucha interna. Por otro lado, se es capaz de efectuar un balance sobre el comportamiento en alguna situación o hecho en particular.

Una voz remuerde cuando no se escucha lo que dice o sugiere que se debería hacer, es ahí cuando se dice que se tiene cargo de consciencia.

El estudio puede ser positivo y dejar en tranquilidad y felicidad, la idea es trabajar por generar pensamientos de acuerdo a los valores, generando sensaciones cómodas y reconfortantes.

La consciencia permite reconocerse como sé es ante el entorno. La consciencia es sinónimo de la conciencia. Al contrario, no es lo mismo. Es decir, se puede decir "Carlos recuperó la consciencia luego de desmayarse". Esto no es lo mismo que decir "mi conciencia no permite que robe un banco".

Elementos del mundo exterior: acciones y resultados

El ser consciente de quién se es y cómo se es, pocas personas lo hacen. Hay que actuar sin ver lo que tienen los demás en el ojo, se debe fijar en el propio entorno y no en el ajeno. Es aprender a evaluarse a sí mismo a profundidad, comprender lo que sucede dentro y en el entorno.

Se debe evaluar la propia personalidad, ser agradecido al recibir una crítica sobre nosotros, porque es la oportunidad de evaluar si hay algún elemento que deba ser corregido, estos comentarios o críticas deben tomarse con criterio, algunos pueden no tener fundamentos reales. Todo esto representa aprender a ser consciente de sí mismo, conocerse mejor.

Ser consciente requiere de tiempo y valentía, cada momento se puede tener el campo consciente encendido o apagado. Muchas veces funciona en automático. Se puede tener consciencia de los pensamientos y la manera en la que afectan. Se puede dar cuenta de las respuestas ante eventos inesperados y cómo se influye en otras personas con las palabras y las acciones. Es una manera de aprender a conocerse mejor. Aprende a observarse a sí mismo con objetividad y consciencia, para corregir y moderar el comportamiento, esto ayuda a mejorar la persona que se es.

¿Te has puesto a pensar en los resultados obtenidos hasta este momento en tu vida?

Tendrías la oportunidad de ser más consciente en las acciones y los resultados. Se puede acceder a potenciar la vida para que se puedan alcanzar fácilmente las metas profesionales y personales.

Hay varios niveles de consciencia y estos tienen una influencia en la vida.

Estos son:

- Animal.
- Masas.
- Aspiracional.
- Individual.
- Disciplina.
- Experiencia.
- Maestría.

Se debe analizar cada uno y el impacto que causa en la vida.

Animal

En este nivel se es una persona reactiva que actúa de forma precipitada ante cualquier situación que altere los sentidos. Es la manera en la que actúa para defenderse, por ejemplo cuando se ve a una persona con algo nuevo se puede decir "Claro, como este gana más dinero y es el consentido del jefe" o también puede suceder que una persona dice "te veo más delgado" se reaccione diciendo "Yo siempre estoy delgado, mantengo mi figura todo el año".

Masas

Este es un nivel menos reactivo. Aunque aquí no se analizan las circunstancias en las que se vive. Solo se sigue la corriente a las personas que se le tienen respeto o admiración. Esas personas que tienen un peso emocional en las vidas influyen. Por ejemplo, cuando se ve que una persona cercana compró un televisor nuevo, entonces la otra va y compra uno igual o más grande, no importa el nivel que tenga en relación a sus posibilidades de compra.

En este nivel también se puede ver a los empresarios que toman decisiones basadas en lo que un grupo de personas ha manifestado y no en la propia intuición y conocimiento como gerente.

Aspiracional

Este es un nivel ya más avanzado, es más avanzado que los dos anteriores, aunque este se basa en deseos o aspiraciones, a las personas que se catalogan dentro de este nivel se les suele identificar porque dicen palabras como "me gustaría", "yo deseo".

Individual

Este es un nivel de consciencia que marca un quiebre y da base a una generación de insights en donde la persona se identifica y sabe que actuando podrá lograr los sueños. Por lo tanto, comienza a generar un sin número de arranques que posee variados finales ya que el poder lleva a analizar constantemente las situaciones buscando mejorarlas.

Es en este proceso que se comienza a colocar varios compromisos como empezar a ahorrar, bajar de peso, hacer ejercicio, estudiar o similares.

Disciplina

Cuando la persona llega a este nivel de consciencia es más sencillo avanzar a los otros niveles. Este es el paso entre la experiencia y la individualidad. En este punto la persona traza planes de acción.

Este punto es clave para alcanzarlo y es de los que debes ejercitar porque es cuando se asume la responsabilidad de ser dueño del destino de cada quien.

Experiencia

Es cuando la persona está basada en los procesos de arranque, reprogramación, cumplimiento y generación de disciplina. Conoce cómo hacer mejor las cosas para que resulten y puedan ponerse en marcha. Requiere de humildad cognitiva y se sabe que no se es producto terminado y que las experiencias agregan un valor importante en la vida.

Maestría

En este punto vale la pena reconocer que muchas personas que llegan, previamente han tropezado, esto no ha sido motivo para detenerse, al contrario, han seguido con pasión el camino para lograr tener el enfoque para alcanzar las metas y los objetivos.

En este nivel se deja de reaccionar para empezar a responder y se está en capacidad de manejar mejor las emociones y las percepciones de lo que sucede en el día a día.

Eres lo que piensas

El ser humano es un animal de costumbres, esto lo dijo Dickens. Es una afirmación totalmente válida para la mente. Muchas veces la mente se mueve a través de patrones que por usarse tanto se cree que son fijos. Aunque la realidad en la que vivimos muchas veces es igual de inconmovible y es susceptible a modificación.

La realidad con frecuencia es una proyección de los pensamientos, de las decisiones que se toman en función de éstos y de los hechos que toman forma por medio de aquellas. Lato Tsé dijo:

> Cuida tus pensamientos, pues éstos se convierten en palabras. Cuida tus palabras, pues éstas se convierten en

acciones. Cuida tus acciones, pues éstas se convierten en hábitos. Cuida tus hábitos, pues éstos se convierten en tu carácter. Cuida tu carácter, pues éste se convierte en tu destino.

Compartimos en este espíritu consejos que se tienen que poner a reflexionar para comprender la calidad de los pensamientos y la manera en la que influye en la realidad que se experimenta cada día. Así que recuerda siempre que tú eres lo que piensas tanto de ti como de todo lo que te rodea.

Tener consciencia de los pensamientos y cuidarlos

Esto puede sonar obvio, hay que aprender a ponerlo en práctica, es darle rienda suelta a la mente con situaciones positivas. Actuando en función de lo que se piensa sin detenerse nunca a pensar en los resultados. Es como el hombre que en todos los empleos donde ha estado, cuando se va no quieren perderlo, ya que es un empleado de calidad. O el caso de ese amigo que pasa por la vida y cuando emprende otros rumbos da dolor perderle.

¿Por qué sucede esto? ¿Porque él sabe el truco de ser el mejor amigo? ¿El medio laboral es fácil y por eso calza bien?

Son patrones mentales inconscientes que permiten a estas personas pensar que estos empleos o relaciones son de lo mejor y lo materializan así porque de ese modo lo tienen en la mente. Jung lo dijo una vez "Hasta que no hagas consciente lo inconsciente, éste dominará tu vida y lo llamarás destino".

Este no es un trabajo sencillo, se exige que se ponga atención en los pensamientos de cada situación. Es aprender a crecer o desarrollar la idea de que esto es posible. Saber que se puede ir a algo mejor. ¿Es eso verdad? Sí, se puede hacer el cambio cuando se tiene el deseo real de hacerlo.

Atender el proceso

Hasta un punto, la voluntad es algo muy personal. La mente se puede educar para llevarla hasta los objetivos que se desean con las conductas que se han planteado.

Si se continúa con los ejemplos anteriores, a lo mejor es más fácil para una persona   hacer los cambios para que en el entorno las cosas fluyan mejor, tener empleos que marquen una huella tanto en la empresa como en la propia persona, dejar una marca en las personas con las que se cruza. Hacerse responsable de los actos y comprender que suceden por una razón, aceptando todo lo que sucede de una forma muy positiva.

Buscar sostener el esfuerzo

La constancia es la clave para lograr el éxito. Aunque parezca una frase gastada por tanto que se ha usado, es cierta. Si se toma la decisión de mejorar es necesario tener el compromiso para hacerlo. No se debe rendir en el camino, sino llegar hasta el final.

Es posible si se pone empeño perseverancia y la mente centrada en alcanzar el objetivo.

Tener compasión consigo mismo

La compasión es necesaria en este paso. Se debe poner atención a los pensamientos para poder llegar a los objetivos. Se requiere de una vigilancia las 24 horas del día. Somos seres débiles, con inseguridades, los humanos tienen que tener compasión del estado y de los logros, se debe estar agradecido por vivir y confiar en los recursos y capacidades que se poseen.

Todo pasa por algo

Esto es cierto. Todo tiene una razón de ser. Mucho de lo que sucede puede que tenga un sentido. Así como los logros y las adversidades.

No es resignarse a creer que las cosas son de determinada manera, como si existiera un plan maestro que rigiera los acontecimientos, es ajustar la perspectiva y ver el contexto. Cuando se toma este paso, lo que parecía que no tenía solución, resulta que sí tenía.

Esa persona que creció en una familia de escritores y eligió ser lo mismo, o el joven que es hijo de un gran y severo médico y decidió estudiar para artista. Parecen repeticiones, en realidad las cosas que se viven se encuentran en las propias circunstancias. Tanto en el presente como en el pasado.

No es una etapa dela vida, es la vida

La cultura en la que se vive alaba el progreso. Por eso siempre invita a dejar atrás lo que está obsoleto para trascender y crecer como persona. Con la mente esto suele ser un estorbo. Las personas emprenden una renovación creyendo que es una etapa de la vida, un momento de programación al que se tiene que someter durante unos meses para luego dejarlo y seguir.

Es necesario cambiar patrones de pensamiento. Buscar el bienestar en todo el entorno, mejorar el enfoque y cambiar constantemente buscando la perfección no solo para un momento, sino para toda la vida.

Piensa en tus comodidades constantemente

Está la llamada zona de confort. En muchos casos es un espejismo de la mente creado para sentir la seguridad y comodidad. Es la zona en la que se refleja la realidad cada día. Las cosas que se hacen, el lugar donde se vive, las relaciones que se tienen.

Esto tiene un lado que no es muy luminoso. Es la comodidad donde se apoltrona para mantener felicidad, seguir en un empleo que no es del todo agradable. Es humano querer estar en un sitio seguro, confortable, Se debe tener en cuenta que es necesario el cambio, trabajar para modificar lo que sucede en la vida.

Salir de la zona de confort es la manera idónea de aprender a crecer como ser humano.

Calle y escuche

Hay que trabajar para confrontar los grandes estímulos que se consiguen día a día en el entorno. Enfrentar las expectativas, las proyecciones, las represiones y todo aquello que pueda ser limitante.

La sociedad actual pide más y más. Da valor con las mercancías que se consiguen, se aspira a la fama efímera de las redes sociales, a forjar fortuna propia. A cosas vacías.

En la historia seguramente no se necesitó tanto silencio como ahora. Parar un momento y contemplarse a sí mismo, el mundo que nos rodea, demorarse ante la vista de un atardecer o un espectáculo de nubes. Disfrutar estar a solas, callar brevemente antes de hablar. A lo mejor la mente solo necesita silencio para empezar a florecer.

La forma en que ves las cosas determina tú realidad

Cuando se es feliz se ve la felicidad en los demás, cuando se tiene esperanza se ven muchas oportunidades alrededor. Cuando se es comprensivo se encuentra comprensión en los demás.

No se deben permitir los momentos que no son favorables, porque surgen emociones similares alrededor, se tiene que cambiar el enfado por la alegría, mejorar la actitud para que la del exterior mejore. Mejorar la personalidad para que mejore lo que se refleja en el exterior.

Lo que uno es, se refleja en el exterior. Se ve en los demás.

Hay un importante principio de la superación personal que afirma que el mundo exterior es un reflejo de nuestro mundo interior. Cuando lo que se ve no gusta, lo mejor para comenzar a cambiarlo es cambiar en el interior.

Comenzar a cambiar la actitud de manera positiva es un gran paso. El mundo exterior comienza a cambiar. Esto sucede porque no se sienten las cosas como son, sino que se sienten según la interpretación que se hacen de ellas.

En cada circunstancia de la vida podemos buscar lo que es bueno o enfocarnos en lo peor. Aquello que buscamos será lo que finalmente se encuentre, ya que cada situación siempre puede ser interpretada de muchas maneras, la clave es tratar de perseguir siempre la mejor versión.

El autor Colin Wilson dice:

"Cuando abro mis ojos al levantarme cada mañana, no me encuentro ante el mundo, sino ante infinitas posibilidades de mundos."

El mundo que se ve es siempre la elección que se quiere ver de él. Es un reflejo de sí mismo. Proust dijo algo muy acertado:

"El verdadero viaje de descubrimiento no consiste en ver nuevos paisajes, sino en mirar con nuevos ojos."

Si se quiere cambiar lo que se ve del mundo toca comenzar a cambiar. Ver todo con más optimismo, con pasión, con oportunidades y momentos especiales. Lo positivo se puede multiplicar cuando se tiene la consciencia de atraerlo. Eso se puede lograr de una manera sencilla, mirándolo por medio de una actitud totalmente positiva.

Capítulo 3. Cómo se crea la realidad

Cadena de creación

Pensamientos – Sentimientos – Acciones – Resultados

Todo lo que regula la existencia se basa en los pensamientos, sentimientos y acciones, durante milenios lo filósofos se han hecho la pregunta ¿primero se piensa, luego en consecuencia se siente y luego se actúa para finalmente ver los resultados? O ¿primero se siente, luego se actúa y al final se piensa?

En el campo del pensamiento y los sentimientos hace tiempo que este dejó de ser un terreno solo para la filosofía. Ahora se ve en la psicología y en otras disciplinas. En los últimos años se han acumulado investigaciones y estudios que han ayudado a entender que los seres humanos no son seres lineales de pensar-sentir-actuar, sino que la cadena es sentir-pensar-actuar o actuar-sentir-pensar. Se funciona como un triángulo con tres vértices que originan la cadena.

Lo bueno es que, si se aplica la evidencia al campo de la comunicación personal, se puede ver la forma en la que se habla, o sea una manera de ponerse en acción. Se puede cambiar la forma en la que se piensa y se siente y hay muchas estrategias que se pueden usar para sentirse mejor.

Hay tres maneras en las que la gente se mueve en la vida, la tercera es la que descubre que las palabras tienen más efecto en sí mismo de lo que se pensaba.

Pensar - Sentir – Actuar

Los pensamientos en muchas ocasiones son el origen de lo que se siente y eso influye las acciones. Es más, muchos pensadores clásicos han afirmado que los seres humanos son seres racionales y que la razón es el pensamiento que controla todo lo que se hace y se siente.

Cuando se cree que el jefe valora lo que se hace, ese es el pensamiento, cuando se empieza a sentir bien y orgulloso, ahí nace el sentimiento, y esto lleva a que se sea más competitivo en el trabajo, esa es la acción.

Sentir - Actuar – Pensar

En otras ocasiones son otras las emociones que mandan sobre nosotros, hay evidencias que muestran que los humanos son seres emocionales que racionalizan. El cerebro emocional es más rápido que el cerebro racional y genera emociones y luego las racionaliza o las controla. Daniel Kahneman, es un psicólogo israelí premio Nobel de economía en el año 2002, dice "tomamos las decisiones a nivel emocional y después las justificamos a nivel racional".

Un ejemplo: el técnico del aire acondicionado hizo un comentario agradable sobre la casa, esa es la emoción, y se comienza a pensar, casi a nivel inconsciente, que este señor es muy amable con los clientes y sabe hablar, ese es el pensamiento, cuando el aire acondicionado vuelva a fallar sin dudarlo se volverá a llamar a este técnico, esa es la acción.

Actuar - Sentir – Pensar

Esta es la menos conocida, está cargada de muchas oportunidades que no se conocen. La forma de actuar condiciona la forma en la que se siente y se actúa. Cuando se obliga a sonreír es una acción, lleva a sentirse bien, aunque antes hubiera un enfado, esta es la emocional, y el cerebro piensa de manera más positiva y creativa, ese es el pensamiento.

Hay muchos estudios que muestran que las acciones y la manera de comunicar cambia los sentimientos y pensamientos. Las expresiones que se usan y la manera de hablar hacen que el mundo se vea más claro o más oscuro. Hay estrategias concretas que se pueden aplicar día a día.

Primero lo positivo

Cuando una persona pregunte ¿cómo estás?, o ¿cómo te ha ido?, se tiene que responder que bien y si la conversación se extiende se tiene que hablar de lo bueno que ha sucedido antes de hablar de lo malo. Esto hará que se sientas mejor que los demás y percibirás más lo positivo y el mundo cambiará.

Repasa las cosas buenas

Se puede obligar a decir lo mismo. Algo que haya sucedido bueno en la última hora. Se debe mantener la mente alerta a estas cosas buenas que suceden. Son muchas. Una sonrisa de alguien en la calle, un desayuno agradable, un beso de un hijo, muchas cosas buenas suceden. Hay cosas negativas, esas se tienen que dejar a un lado, ponerle la máscara positiva, son cosas buenas, aunque parezcan malas.

Valorar los puntos fuertes de los demás

Se les puede decir a los demás las cosas que le gustan de ellos. Una felicitación por un logro, un elogio. Es importante decir las cosas buenas a alguien, si toca decirle algo malo a una persona, se puede comenzar por lo positivo y luego ya abordas lo que pueda ser malo.

Se debe mirar al interior y entender el funcionamiento, este puede abrir puertas y hacer sentir que tiene mejores resultados en las relaciones personales y en todo lo que se proponga.

Hábitos y acciones diarias

Hay muchas investigaciones que arrojan a la luz cuáles son los mejores hábitos que ayudan a ser más productivo. A tener una rutina perfecta que ayude a alcanzar los objetivos.

En más de una ocasión llegará esa pregunta de cómo se puede ser más productivo, más feliz o tener más energía. Pues la respuesta está en la manera de actuar y pensar. Para tener una vida llena de más plenitud se tiene que cambiar la manera de actuar, los hábitos.

Mejorar la rutina diaria ayudará a que se aumente el rendimiento laboral y el bienestar físico y mental. El nivel de productividad va a variar en base a lo que se come, las horas de sueño, incluso la música que se oye.

Una rutina matutina saludable llena de buen humor el resto del día. Aunque la jornada productiva comienza la noche anterior. Hay cientos de investigaciones que arrojan luz sobre los mejores hábitos para tener una mejor vida. Estas son claves a tener en cuenta para tener una rutina diaria perfecta:

No tomar café al levantarse

No se necesita esa cafeína apenas se sale de la cama, ya que el cuerpo da la energía de manera natural. El cortisol se dispara entre las 8 y 9 de la mañana. El café puede anular los efectos naturales. La mejor hora para tomar café es entre las 9 y 30 y las 11 de la mañana. Será más eficaz.

Hacer ejercicio a primera hora del día

La mejor hora para salir a hacer ejercicio es a primera hora de la mañana cuando está amaneciendo y el día comienza a despuntar en la colina.

Si se hace en ayunas será mejor porque el cuerpo no tiene alimento y quema más grasa corporal. El mejor ejercicio es el cardiovascular, se puede comenzar el día nadando o trotando, o los ejercicios donde se quema más energía.

Un buen desayuno

El desayuno es muy importante y no puede ser cualquier cosa, corresponde elegir el mejor. Alimentos ricos en fibras y grasas saludables. Nada de cereales de chocolate. Unos huevos revueltos con pan integral están bien. Una buena fruta también. Rica en fibra. La mejor manera de iniciar el día.

Adiós a los complementos alimenticios

Muchos complementos alimenticios son inútiles y dañinos. Solo unos poco merecen la pena tomarlos, para evitar complicación lo mejor es dejarlos todos de lado.

Cuidar la postura

El trabajo en oficina donde se pasan muchas horas sentado, se puede mejorar manteniendo una buena postura al sentarse. La espalda erguida y el cuerpo derecho. Esto prevendrá una gran cantidad de situaciones a largo plazo.

Es importante moverse a menudo del puesto, mantenerse activo para evitar el sedentarismo.

Tomar agua

No se toma la suficiente agua al día. La cantidad va en función de las características físicas. Las circunstancias del ambiente y la actividad física que se haga.

Es importante consumir alimentos ricos en agua, como la coliflor, berenjena, pimientos, guisantes, patata y zanahoria.

La comida del día debería ser similar al desayuno

Cuando se come saludable todo el día. Desde el desayuno con grasas sanas, fibra, y proteína, todo el cuerpo funciona perfecto y el entorno se desarrolla mejor, y el ánimo se mantiene. Hay un mejor estado emocional.

Los ojos

Hay que cuidar los ojos. Estar todo el día frente a una pantalla no es saludable, aunque en algunos trabajos no hay opción. Se puede mantener la regla de 20-20-20 cada veinte minutos se puede apartar la vista del ordenador y mirar algo que esté a una distancia de unos veinte pies, es decir unos seis metros. Se hace durante unos veinte segundos. Es un modo de darle un cambio a la vista para que no se mantenga en el mismo lugar y se agote.

Controlar la cafeína

Consumir demasiado café al día no es saludable. Un adulto debería tomar unos 400 miligramos como máximo. El consumo debe ser limitado para evitar complicaciones a largo plazo.

Mantener a raya las máquinas de vending

Se debe evitar caer en la tentación de comprar patatas fritas o chocolates en las máquinas expendedoras. Por el contrario, se puede comer un snack saludable para mantener la energía, alimentos ricos en fibra, frutas o nueces.

Controlar el consumo de alcohol

Ingerir alcohol con frecuencia no es saludable. Así sean cantidades reducidas. Lo mejor es limitar el consumo para las situaciones especiales como festividades o alguna fiesta donde se sea invitado.

Apagar el móvil antes de dormir

Es saludable apagar los móviles treinta minutos antes de meterse en la cama. Es un buen hábito. Ver la pantalla hasta doparse de sueño no es saludable se puede leer un libro, este hábito de la lectura lo relajará hasta que se dope de sueño y se caiga a dormir. Está comprobado que leer antes de dormir mejora el sueño.

Cambiar las sábanas cada siete días

Es muy bueno dormir entre sábanas limpias. Así se evitan enfermedades, una vez a la semana se deben cambiar para cuidar el bienestar y para dormir mejor y sentir más comodidad.

Cómo cambiar un pensamiento o una emoción

Se logra aprendiendo a tener pensamientos que generen avance a la vida, dejando que los pensamientos positivos sustituyan a otros tipos de pensamientos. Es tener mejores visiones de la vida y con esto tener mejores emociones.

Los pensamientos hacen lo que se es. Es repetir constantemente que se es bueno para alguna cosa, que las cosas fluyen, cualquier pensamiento positivo. Al final se hace una realidad.

Hay un impacto fuerte en los pensamientos, cuando se repite que se es feliz, eso es lo que llegará. Se activa la ley de atracción y llega a la vida. Para vivir una vida plena y feliz se tiene que aplicar la perspectiva de las cosas y reprogramar la mente y tener buenos pensamientos.

Se tiene que comenzar a cambiar la forma de pensar, empezar a trabajar con la mente y colocar pensamientos positivos, hay que ser consciente de cuáles son esos pensamientos que debes cambiar. Comprender de dónde viene el pensamiento y por qué se cree en eso.

En la mente hay que colocar pensamientos como:

- Yo puedo hacer eso.
- Yo tengo suficiente valor.
- Siempre buscaré la felicidad.
- Sabré enfrentar los tropiezos.
- Soy joven y vital.

Son pensamientos positivos. Y hay que reforzarlos con esto:

Aceptarlos e identificar los pensamientos

Si hay un pensamiento que no es muy positivo se tiene que aceptar, incluso sentir orgullo por su presencia, ese es el primer paso. Ahora que se tiene la certeza de que no son positivos, entonces toca empezar a cambiarlos. Cada uno tiene el poder de cambiar esos pensamientos.

Impulsarlas palabras positivas

El vocabulario toca enriquecerlo con palabras positivas. Se deben trabajar cada día por poner una frase optimista. Son palabras que hacen que las cosas fluyan y ocasionan buenas reacciones en la mente. Se deben colocar frases positivas "sí puedo", "sí quiero", "yo lo valgo". Al principio si no se tiene la costumbre, debe obligarse el pensamiento, ya luego aparecerá de manera automática.

Enfócate en cambiar los pensamientos

La parte que más lleva trabajo no es cambiar el pensamiento. Es comenzar el cambio. Cuando se tiene una costumbre de pensamiento puede costar trabajo cambiarlo. ¿De qué modo se puede cambiar? Si hay un pensamiento que se quiere cambiar, toca identificar la fuente de esa emoción y trabajarla. Al principio puede ser difícil, entre más práctica se tenga, la mente comienza a trabajar de manera más positiva.

La clave es tener confianza en sí mismo y reconocer que se pueden lograr las cosas que se proponen, cada quien es el mejor amigo si se trabaja en serlo.

Repetir afirmaciones positivas

El simple hecho de repetirte todo el día la frase positiva es suficiente para causar un impacto en la vida. Repetir afirmaciones positivas causa un impacto y llena de positividad el entorno. Cada mañana al despertar se puede llenar de pensamientos positivos, afirmaciones, frases. Durante el baño, mientras se desayuna, al hacer ejercicio, cada que se pueda. "puedo lograr lo que me proponga", "soy capaz de hacer esto". "me acepto tal como soy" y frases similares.

Ser agradecido

Hay que aprender a ser agradecido en la vida. Enfrentar cada reto que se presente con temple y mirada optimista. Dar las gracias cada día por lo que se tiene. Es poner un enfoque positivo y sacar el mejor partido de todas las situaciones.

El gran paso para comenzar a cambiar los pensamientos es aprender a dar las gracias por lo que se tiene. El techo para dormir, comida en el refrigerador, la familia en casa, la pareja, lo que se tenga y muchos anhelen.

Se puede hacer una lista con todo lo que se tiene y de esa manera comenzar a sentir agradecimiento. Escribir todo lo que llegue a la mente, de acuerdo al entorno. La felicidad viene de dentro, de la manera en cómo se ve la vida y de una mente sana y positiva.

Vivir en el presente es fácil cuando se consigue el método. Toca vivirlo. Es aprender a no enfocar la felicidad en lo que va a venir en el futuro o lo que llegará, corresponde aprender a disfrutar el momento, el ahora. Dejar el pasado atrás. Es lo que fue y ahora no es. Aprender a enfocarse en el aquí y el ahora traerá más felicidad y paz. Se tendrán pensamientos más saludables.

El proceso para cambiar los pensamientos requiere perseverancia y paciencia. Esto vale la pena. Si quiere cambiar la manera de ver la vida, comience a cambiar los pensamientos y el enfoque que le coloca.

Cómo programar una nueva creencia beneficiosa

Las creencias se encuentran de manera subconsciente en la mente, por esa razón en ocasiones se requiere de un esfuerzo para identificarlas. Se van formando desde la infancia y se van instalando y quedando tatuadas y afloran sin darse cuenta.

Muchas creencias se pueden cambiar por unas mejores. El identificarlas es el primer paso para modificar el pensamiento y alcanzar el empoderamiento.

Por poner un ejemplo. Se puede suponer que se quiere tener más ingreso económico, conscientemente se desea y se trabaja duro para lograrlo. El subconsciente sabe que el dinero es bueno y generar muchas dádivas, entonces el dinero va a ser más fácil de conseguir, trabajando duro se verán los resultados.

La función de la mente es mantener a salvo a la persona. Cuando identifica el dinero como algo positivo según la programación que se tenga, entonces el dinero se acerca, es por esto que muchas personas pueden conseguir dinero y este llega fácilmente.

Por otro lado, las creencias poderosas, tal como dice su nombre son esas creencias y pensamientos que empoderan y ayudan a conseguir los resultados que se quieren ver en la vida.

Todas las personas tienen un ilimitado poder en su interior, pueden hacer lo que quieran, solo se debe trabajar la mente para no sabotearnos a sí mismos.

Identifica las creencias actuales

El primer paso es identificar las creencias que se tienen en este momento. Saber si estas son positivas para aprovecharlas y potenciarlas. En el momento en el que comienza a vérsele la cara a cada una y pensar realmente en ello se comienzan a identificar.

¿Cómo afectan las creencias en la vida? ¿Se tiene una creencia negativa persistente en esta área? De ser así es hora de darle la vuelta. Tomar un momento para evaluar la perspectiva sobre lo siguiente:

- El futuro.

- La carrera profesional.

- Las oportunidades que se tienen.

- Las relaciones.

- Las finanzas.

- La salud.

¿Qué frases se dicen que pueden o no pueden tener relación con estas áreas de la vida?

Al tener claro esta parte ya se comprende la creencia y se pueden trabajar las que no son positivas. Una manera de hacerlo es anotando en detalle cada creencia y luego dándole la evaluación que le corresponde.

Hágase consciente de sus resultados en la realidad

Muchas de las limitaciones que se tienen son puestas por sí mismos. Luego de identificarlas y ponerlas en el puesto que les corresponde, toca preguntarse ¿Es esto cierto?

Un ejemplo es que se puede creer que se puede ir más allá en un negocio ¿Es esto cierto? Cuando se reformula el pensamiento a unas creencias empoderadas seguramente se encuentren excusas.

Por lo general el tema va más allá de los recursos, trata sobre las habilidades. Para empoderar las creencias se tiene que presionar lo suficiente, se le está dedicando el tiempo que requiere el trabajo y se tiene un enfoque correcto de los objetivos y lo que se desea alcanzar.

Cuando se tiene la creencia de que todas las personas, hombres y mujeres son de cierta manera y por esa razón se tiene éxito en determinada área, es posible que se deba demostrar la situación y toque preguntarse a sí mismo si esto es verdad, de seguro lo es.

Trabajar las creencias profundas tiene un gran mérito. Es un paso importante para comenzar a empoderar las creencias y crecer.

Utilizar frases favorables

Las frases y los pensamientos pueden ser siempre positivos, una pregunta interesante ¿Cuántas palabras se expresan a diario en positivo?

Se le puede dar la vuelta a ese tipo de pensamientos para decirlas en positivo, cuando se dice que algo es bastante factible, se podría decir que se va a hacer todo lo posible para que sea fácil.

La manera de hablar condiciona a la hora de actuar. Las palabras que se expresan cada día determinan el rumbo de los pensamientos y la actitud que se tiene ante la vida.

Se sabe que los pensamientos tienen una influencia poderosa y si constantemente se enfoca en lo positivo entonces esto es lo que se va a atraer, pensar todo el tiempo en positivo hacer que este llegue a la vida.

Trabaja en convertir todas tus frases en positivas

Una situación que parezca desbordante puede cambiarse con la manera de verla y afrontarla. Es aprender a no preocuparse y alejar emociones que no dejan nada positivo en la vida, cuando está presente una situación que parece difícil, se tiene que seguir tranquilo, enfrentando la situación y pensando que si se deja dominar por el agobio no se va a facilitar.

Debes saber que tienes el potencial para lograr todo cuanto desees lograr, que siendo constante y teniendo compromiso con tus objetivos puedes lograr lo que desees. Se puede parar, descansar, tomar algo, incluso ver una película y luego regresar y continuar. Es lo que se necesita a veces para poder seguir avanzando.

En esos momentos donde se piense que las cosas van de forma diferente, se puede formular la pregunta ¿Acaso no tengo el potencial para hacer que todo salga bien? Ahora, pensar que va a salir bien, o que como salga es lo mejor ya que el universo tiene preparado algo mejor para nosotros, entonces aparece la motivación y el impulso a actuar y alcanzar los propósitos.

Antes de pensar que las cosas pueden ser desastrosas porque en el pasado sucedió, mejor es pensar que eso sucedió en ese momento, no hay motivo real para pensar que ahora se va a repetir la misma situación. Pensarlo de esta manera causará que se atraiga y llegue.

Al pensar que no se va a conseguir algo se debe preguntar ¿Por qué no se va a conseguir? ¿Nunca se ha conseguido nada en la vida? De seguro se han logrado metas y objetivos. Se debe cambiar el pensamiento y decirse que con la perseverancia y el empeño se consiguen los logros.

En todo momento de tu vida debes hacerte consciente de todo lo que has sido capaz de lograr hasta ahora. Se deben recordar los talentos y se tienen que creer que se tienen, analizarlos reconocerlos y ver los logros alcanzados. Hay que darse amor y querencia.

Muchas frases que no son empoderadas se pueden cambiar y empoderar la vida. Pasar lo malo a positivo. Son deberes que cada uno tiene que emprender.

Capítulo 4. Técnicas para crear y manifestar

Para atraer algo a la vida, ya sea felicidad, abundancia o prosperidad lo primero que se debe hacer es dejar ir. Es una de las verdades sobre la Ley de atracción, es clave para que se tome en cuenta si se quiere tomar el control de las manifestaciones.

No importa lo que se quiera atraer a la vida. El primer paso es saber cómo dejar ir para que lleguen nuevas cosas a la vida. Muchas veces las personas se apegan a maneras de pensar, comportarse y expresarse, actuaciones que pueden no llevar a un cambio positivo. Dependiendo de cómo se actué el universo responde.

Este es un círculo que se tiene que trabajar para no terminar atrapado, cuando se aprende a dejar ir y se transmite un mensaje positivo, al final se logra que las cosas mejoren y salgan como tienen que salir.

El primer paso es comprender qué es lo que se atrae a la vida y posteriormente comenzar a trabajarlo. Aplicar las técnicas para comenzar a cambiar y ser feliz cada día.

Técnica 1. Afirmaciones

El pensamiento positivo, cuando se gestiona bien, logra que se haga más resistente el estado de ánimo. Un pensamiento de alta autoestima, de dignidad, juega un papel en la vida y conlleva a caminos que se quieren recorrer.

Ahora, con las afirmaciones positivas se puede cambiar el proceso de pensamiento y hacer que este juegue a favor y no en contra. Una afirmación es una declaración que se hace a una verdad que se percibe. Lo real es que la repetición de este tipo de verdades como afirmaciones positivas ayuda a conseguir cambios importantes en la vida.

Para todos no es el mismo efecto, cada quien se puede beneficiar de un diálogo que esté lleno de afirmaciones positivas. Mientras que otros no tienen ningún resultado importante poniendo en marcha la misma estrategia.

Bien, la afirmación positiva funciona porque tiene la capacidad de motivar, de llenar de ilusión y de programar la mente para que se trabaje en base a una idea. No importa que detrás de la idea exista o no realidad. Lo importante aquí es que la persona le confiera realidad a esta afirmación.

La mente no sabe diferenciar lo que es real o lo que es una fantasía, por eso al verse en una película se puede reír o llorar. La mente se identifica con los personajes de la pantalla y reacciona.

Si una creencia está profundamente arraigada en la mente inconsciente, tiene la capacidad de crear la afirmación positiva. Esto puede suceder, aunque no se sea consciente de ello. Es la razón por la que muchas afirmaciones logran funcionar con éxito. Los patrones de pensamientos están arraigados con un poder tal que crean una sensación en cuestión.

Se puede trabajar la emoción y conseguir que funcione y triunfe sobre el pensamiento.

Lo recomendable para empezar es que:

Se haga una lista de lo que se ha pensado como cualidades por cambiar. Esto incluye críticas recibidas por otros, no se debe juzgar si es cierto o no. Todas las personas tienen defectos, es parte de la humanidad. Se debe tomar nota de lo que ocurra y buscar un tema en común. Cuando se escriba la creencia que es recurrente se tiene que fijar si se está arraigando a ella en cualquier parte del cuerpo, como sentir presión en el pecho o en el estómago.

Se debe escribir una afirmación sobre el aspecto positivo en el juicio propio. Se pueden buscar sinónimos para conseguir palabras llenas de poder, como decir "soy digno" y también decir "soy notable y apreciado". Luego de esta afirmación se le puede pedir a alguien de confianza que la lea para ver si tienen alguna sugerencia qué agregar.

Se debe recitar la afirmación positiva en voz alta durante unos cinco minutos, tres veces al día, mañana, tarde y noche.

Se puede hacer cuando se arregla frente al espejo. Se repite la afirmación durante el proceso de acicalamiento. Otra manera es escribirla varias veces en un cuaderno. Se puede revisar si esto que se escribe va con el tiempo cambiando el estilo de la escritura. Es una muestra de que la mente percibe el concepto nuevo.

Queda anclar la afirmación positiva al cuerpo, mientras se repite se coloca la mano en el área donde se sintió la molestia cuando era una creencia negativa. Se puede respirar en la afirmación mientras se dice o escribe. Se reprograma la mente y se le da realidad a esta.

Una persona de confianza puede repetir la afirmación. En caso de no tener a alguien se puede hacer frente al espejo para que la función haga el trabajo de un mensaje que se refleja de manera saludable.

Técnica 2. Declaraciones o decretos

Los decretos y declaraciones son estados que funcionan como oraciones, no se dirigen a deidades sino al propio ser interior y ser superior propio. Es trabajar la reprogramación de la mente en una capacidad positiva y permitir el poder personal, sin límites de éxito en todas las áreas de la vida.

Los decretos permiten desarrollar los dones y ser dignos del éxito. A diario se deben ejercitar los decretos que se leerán poniendo fe y energía de amor. Es la felicidad y prosperidad que ayuda a ser más virtuoso y merecedor de éxito.

Entre más se recite esta declaración o decreto mejor será el efecto. La fuerza de la mente se une al poder de la palabra hablada y se torna en realidad aquello que es decretado con fe.

Para ayudarse en la concentración se puede encender una vela o un incienso, poner una música suave y estar tranquilo. Se eligen los decretos en concordancia con la necesidad que se tenga.

- **Decreto de perfección**: Soy perfecto en todos los sentidos. Soy el amor perfecto, la bondad perfecta, la virtud perfecta. La comprensión perfecta, el perdón perfecto, la libertad perfecta. Solo la energía divina puede tener un espacio en mi vida.

- **Decreto de perdón:** Estoy lleno de virtud. Puedo perdonar porque tengo la capacidad divina. En mí hay espacio para el amor, la alegría, la felicidad, para la paz, el perdón. Cualquier huella del pasado se ha apagado para siempre. Perdono, soy perdonado, la felicidad me arropa.

- **Decreto de amor:** hay amor en mi corazón. El amor trae vibraciones buenas para mi vida. Los amigos, la familia, los compañeros y todos los seres traen a mi vida alegría. Perciben la luz de amor que irradio y me llenan de amor infinito.

- **Decreto de responsabilidad:** soy capaz y responsable. Todas las tareas las hago con eficacia y alegría. Todos están contentos conmigo y cumplo los deberes con dignidad.

- **Decreto de la paciencia:** soy amoroso y paciente. Estoy en sintonía con el tiempo cósmico y siento felicidad porque tengo armonía conmigo mismo y con todos los seres.

- **Decreto de paz:** soy paz infinita. Esta emana del corazón de Dios y se manifiesta en todos los seres. Me siento en armonía con todas las criaturas por la voluntad divina que está manifestándose en mis acciones. Todo lo que hago siempre se hace en paz.

- **Decreto de valor:** Soy valiente y muy fuerte. Tengo valor para afrontar todo cuando deba afrontar, soy digno de las bendiciones del cosmos y nada me hace abandonar la lucha por alcanzar la verdad, los sueños y las ideas.

- **Decreto de la simplicidad:** Soy sencillo y respeto a todos por igual. Me siento en total armonía con la naturaleza, la riqueza de mi interior es energía positiva que me llena de prosperidad en todos los campos de mi vida.

- **Decreto de la bondad:** soy un aspecto de luz divina en la tierra. Tengo bondad en mí. Hago el bien, mi naturaleza es buena. Todo el universo vibra a mi favor.

- **Decreto de la honestidad:** siento honestidad conmigo mismo y con los demás. Hay verdad y sinceridad en mi vida. Soy digno de confianza y respeto para todos y logro el éxito.

- **Decreto de cooperación:** Soy muy cooperativo y estoy dispuesto a ayudar a los demás, gracias a esto todos colaboran conmigo y me hacen la vida más fácil.

Técnica 3. Anclas mentales

Los seres humanos al igual que los animales reaccionan a los estímulos y reaccionan a un comportamiento en particular. Tienen emociones y el estado emocional cambia el ambiente que les rodea, Los estímulos recibidos, especialmente por los sentidos van despertando recuerdos que están almacenados en el subconsciente.

Las anclas mentales son estímulos externos que pueden desencadenar una respuesta a un estado emocional, una palabra, un olor, una imagen, un lugar, son anclas poderosas que transportan de inmediato a un lugar en el que ya se ha estado, hace retomar esos recuerdos.

El ancla provoca una emoción inmediata, invade el cuerpo sin una causa real. Un día lluvioso puede provocar alegría, a mucha gente puede causar otras emociones, el olor de la madera cortada puede recordar a alguien. Es algo establecido al inconsciente, se asocia entre situación y sensación.

Se pueden crear anclas mentales positivas sin darse cuenta. Por ejemplo, llegar a casa con una alegría muy grande por algo sucedido en la calle, en ese momento el perro sale a recibir, batiendo la cola y alegre. De seguro esa efusividad del animal se conecta de manera inconsciente con los triunfos que se traen. Si es algo recurrente entonces se crea el ancla positiva y cada vez que el perro venga feliz a saludar se despertarán los sentimientos de felicidad y triunfo con el animal.

Puede suceder también cuando alguien utiliza una frase o una palabra que se recuerda a un halago recibido. Un nombre puede causar alegría porque recuerda a una persona muy querida del mismo nombre. Un lugar que trae buenos recuerdos porque allí se pasó alegría. Sentir mariposas en el estómago en un lugar porque en ese sitio está la iglesia donde ocurrió nuestra boda hace unos años. Entre tantos otros.

Los anclajes positivos dan la libertad de actuación, se encargan de llevar las riendas de las reacciones y traerán recuerdos agradables. Lo mismo puede suceder con anclas negativas, pero esto tiene solución, las anclas negativas se pueden confrontar en el momento en el que se reconocen. Cuando haya una reacción negativa se tiene que trabajar y buscar que pase a ser positiva. Pensar en cambiar el registro de esta, ver si la reacción que se tiene en una determinada situación es la adecuada o no. Allí se comienzan a corregir poco a poco las anclas.

Igual existen las anclas positivas que recuerdan los momentos buenos de la vida. El olor de la canela que recuerda al dulce que hacía la abuela en la niñez. El olor de la lluvia que recuerda aquella vez que se tomaba chocolate caliente mientras la ventana se empañaba por el frío y caía el aguacero hermoso en el exterior.

Técnica 4. Aformaciones

La vida es creada de dos maneras, las aformaciones que se dicen a sí mismo y las preguntas que se hacen. Las aformaciones son un método por excelencia, funcionan siempre como se debe, cuando se cree con fe absoluta en lo que se está diciendo a sí mismo. Es por esta razón que se crean las aformaciones, por el éxito que tienen.

Cada persona tiene el poder de cambiar la vida cambiando las preguntas y tomando acción, porque todos merecen lo que sueñan.

Las aformaciones son afirmaciones convertidas en preguntas, las preguntas activan la mente. Es un método creado por el autor Noah St. John, quien gracias a eso ha cambiado la vida de millones de personas en el mundo. Gracias a las afirmaciones en forma de preguntas, las mentes se han empoderado. Con esta técnica la mente comienza a encontrar respuestas correctas a las preguntas y se eliminan las creencias limitantes.

Estos son los pasos para definir las aformaciones:

Definir lo que se quiere en positivo

El primer paso es definir lo que se quiere lograr. Sea tener el amor de la vida, la casa de los sueños, hijos, más ventas, mucho dinero.

Formular las preguntas con lo que se quiere, creyendo que ya son reales

Este es el paso más importante, porque se hace la pregunta correcta para empoderarse y obtener los resultados que se quieran. La mente comienza a buscar las respuestas a las preguntas inconscientes.

Se deben formular las preguntas utilizando el "por qué..." las preguntas tienen que ser como si se hubiera logrado conseguir. "¿Por qué es tan fácil para mí conseguir empleo?"

Se deben repetir las aformaciones con mucha emoción para que se acelere el proceso de manifestación, se visualiza y se siente como una realidad.

Hay que enfocarse en la pregunta no en la respuesta

La tarea no es responder a las preguntas sino hacer cada día mejores preguntas que se relacionen con lo definido en el anterior punto. La mente se encargará de mostrar las preguntas a esas preguntas formuladas.

Tomar acción

Se deben emprender nuevas acciones basadas en la nueva realidad. "¿Por qué es tan fácil para mí conseguir empleo?" Ahora se empieza a actuar con más confianza, se colocan más hojas de vida en grandes empresas y se está en contacto con posibles empresas que puedan contratar pronto.

Ejemplos de aformaciones

Para dinero:

- ¿Por qué atraigo el dinero con tanta facilidad?
- ¿Por qué gano tanto dinero?
- ¿Por qué el dinero llega tan fácil a mí?

Para la salud:

- ¿Por qué me siento tan saludable?
- ¿Por qué todo lo que como me cae bien?

- ¿Por qué mi peso mejora siempre?

Para el amor:

- ¿Por qué todos me aman?

- ¿Por qué atraigo a las personas correctas a mi vida?

- ¿Por qué soy tan feliz con mi pareja?

Técnica 5. Mapas mentales

Los mapas mentales son una técnica que creó el investigador Tony Buzan. La importancia que tienen los mapas y la gran difusión que han tenido los últimos años se debe a la manera en la que expresan los pensamientos. El pensamiento irradiante, el mapa mental es una gráfica que accede al potencial que tiene el cerebro.

Buzan afirma que toda la información que se da al cerebro hasta la más mínima, un pensamiento, un recuerdo o una sensación, se puede representar como una esfera central de donde se irradian muchos enlaces de información por medio de eslabones que representan una asociación. Cada una tiene una ramificación de conexiones y vínculos.

Se parte de que el cerebro es una serie de ramificaciones interconectadas. Cuantos más datos se reúnan de una manera integrada, organizada e irradiada, más fácil se hará el proceso de aprendizaje y creatividad.

Los mapas mentales tienen varios usos, son utilizados para el aprendizaje de conceptos y conocer las relaciones entre los mismos. En la creatividad la aplicación se centra en la exploración de las situaciones y la generación de ideas, en la exploración de los eventos los mapas mentales son ideales porque permiten que se conozcan distintas perspectivas del mismo.

Cómo hacer un mapa mental

El nombre puede parecer un tanto extraño, debe tener en cuenta que el mapa mental no es complejo, se deben seguir algunos pasos:

- Se toma una hoja de papel de un tamaño adecuado al mapa que vamos a hacer.

- El tema a tratar se escribe con una palabra o se dibuja en el centro de la hoja. Debería tener un par de palabras que encierren la esencia del tema lo más exactamente posible.

- Los asuntos secundarios relacionados con el principal se colocan como ramas que parten del centro.

- De estos temas parten imágenes o palabras claves que se trazan sobre líneas abiertas sin pensar de forma automática claro, hablándolas de manera clara.

- Las ramificaciones forman una estructura nodal.

Luego los mapas mentales se pueden mejorar con colores, códigos, imágenes o como se quiera, de este modo se le da belleza y singularidad y se ven más memorables.

Los mapas mentales se pueden relajar y las ideas surgen de manera espontánea y de este modo se está viendo el flujo creativo.

Técnica 6. Mapas de sueños

Los mapas de sueños se pueden hacer en cualquier momento, es más, es algo que se debería hacer en algún momento. Es una herramienta potente para alcanzar los sueños, podría decirse que es mágica.

El mapa de los sueños es un cuadro que se confecciona con fotografías que representan los sueños. Puede ser extenso o corto como se quiera. Se puede hacer en formato electrónico o manualmente, se imprime una foto y se pega sobre una cartulina. Se puede colocar todo lo que se quiere vivir en la vida.

Pasos para hacer el mapa de los sueños

Se puede hacer comenzando por buscar las fotos. Se hace una lista con todos los sueños que se quieren lograr. Se confecciona la lista, esto no debería tomar más de una semana. Si se hace en menos de siete días no está bien hecho.

El primer día se escriben unos cuantos deseos, los que salgan sin ser forzados, en los demás días se van a ir obteniendo informaciones valiosas. De esta manera el subconsciente recibirá órdenes donde sabrá que tiene que decir qué es lo que de verdad se quiere en la vida.

Por una semana se debe dedicar por lo menos diez minutos diarios a seguir ampliando la lista. Se coloca delante del papel con un cronómetro y por diez minutos se permanece allí. Levantarse antes es engañarse a sí mismo.

De seguro la información llega de forma inesperada, en cualquier momento del día, cuando se esté trabajando, por ejemplo. Si ese pensamiento llega cuando no se esté en el ciclo de los diez minutos, entonces se puede anotar y ya luego en ese periodo se coloca, no se debería dejar pasar porque son imágenes que llegan y luego recordarlas es prácticamente imposible.

No se puede rechazar ningún sueño, cuando aparece en la mente es porque se quiere vivir, se querrá escribir las cosas en una lista preliminar, aunque parezca que es un sueño que jamás debería ir allí, no importa, se anota. Esto es algo íntimo, así que engañarse no tiene sentido.

Quienes están más avanzados en el crecimiento y la mejora personal, pueden hacer estos mapas donde estarán los límites personales. Luego de los siete días, se escoge diez sueños o deseos de esa lista, los que se consideren más importantes. Se buscan diez fotos que correspondan con los sueños. Una imagen por sueño.

Se pueden escoger más de diez sueños, con toda tranquilidad. Entre más se escojan, más se dispersará la energía y menos efectiva será. Al final se puede confeccionar el mapa de los sueños como mejor se desee, incluso se puede hacer en formato electrónico o con una cartulina para pegar las fotos.

A estas alturas ya se habrá logrado un gran avance con el mapa. Ahora viene la parte más importante, es dejar el mapa en un lugar visible donde se pueda ver a diario. Si se hace como formato electrónico se puede poner de fondo de pantalla. Si se coloca en papel se puede pegar en la nevera o en un lugar visible. Si se pone en el armario puede que no funcione. La idea es verlo.

La lista original, donde por una semana se colocaron los sueños, no se debe tirar. Es fundamental para el ejercicio, debe quedar en un sitio a la mano. Se recurrirá a este material por toda la vida. Sea para añadir otros sueños o para tacharlos los pequeños y grandes ya cumplidos.

Cumplir con los pequeños sueños va acercando a los sueños plasmados en el mapa. Cada sueño es como una llave, a medida que se van cumpliendo se va acercando a los sueños más importantes.

Hacerlo puede suponer un reto. Se debe luchar con la tentación de pararlo. Ese deseo de posponer es una buena señal, ya que es la mente controladora que se resiste a salir de ese lugar donde tiene todo controlado.

Muchas personas sentirán que esto que se hace es una tontería. Es una reacción de defensa ante una realidad que amenaza la estabilidad. Es una estabilidad que no llena de felicidad, por cierto.

En el momento en el que se va a redactar la lista se puede pensar en qué sueños se tienen, a lo mejor se cree no tener ninguno. De seguro luego de esa pregunta viene un momento hermoso en la vida, porque comienzan a brotar las ilusiones que parecían dormidas en la oscuridad, en un cajón. Algunas son hasta desconocidas. Es algo que toma pocos minutos, se puede rellenar una hoja por las dos caras, algunos son inmediatos, otros llevarán más tiempo conseguirlos.

El simple deseo de permitirse plasmar en un lugar esos sueños es muy poderoso, más de lo que se imagina. Explicar las razones es muy extenso, se puede decir que el mapa de los sueños hace que se lleve la atención a la consecución de los sueños y hace que las energías se centren en ello. Se sabe lo que pasa cuando se concentra la energía en algo: ocurre.

La propia ciencia ha demostrado que un pensamiento constante en la mente tiene el poder de crear realidades que equivalen a ese pensamiento.

Técnica 7. Tablero de visión

Tiene una relación con el anterior, el mapa de los sueños. El tablero de visión lleva a preguntar ¿cuál es el sueño más grande que se tiene? Luego de hacerse esta pregunta es pensar en esos objetivos que están en la mente siempre y nunca se alejan.

Son metas que se deben perseguir con todo el corazón para poder vivir al máximo. El modo en el que se debe vivir, porque si no un día se arrepentirá del tiempo perdido.

Ahora viene el primer paso para cumplir el sueño, este es quizás la parte más difícil de todo el viaje. Pero puedes lograrlo solo debes prestar atención a tus procesos mentales, pensamientos, a tus decisiones y hacer que todo, incluyendo tus actitudes, sean coherentes a tus sueños.

Todo comienza y termina en la cabeza, se tiene el poder de conseguir todo lo que se proponga. Se puede crear la vida que se quiera tener. El primer paso para hacerla real es ponerla en la mente, cambiar los pensamientos y la actitud que se tiene, aquí es donde se tiene que aprender a crear una herramienta importante como lo es el tablero de visión.

El tablero de visión da ese empujón que se necesita para poder dar el paso hacia las metas. Este tablero ayuda a alcanzar los sueños que se tengan.

A lo mejor es primera vez que usted escucha de esto de tableros de visión, este es un instrumento que muchas personas utilizan para atraer a la vida lo que se desea.

Muchas personas exitosas lograron sus sueños por medio de esta herramienta, muchos que han manifestado haberlo logrado son: Bill Gates, Beyoncé, Katy Perry o Arnold Schwarzenegger. ¿Qué es exactamente un tablero de visión? Es un tablero que se puede crear con cartulina, con un corcho o con un cartón, en este se colocan imágenes y frases que representan los sueños y objetivos que se quieren lograr.

Cuando se coloca toda esta representación visual en un mismo lugar se puede ver con más facilidad y hacer que la mente trabaje para lograrlas.

Es una estrategia poderosa que utiliza la ley de atracción a su favor. Motiva para poder perseguir los deseos que sean más difíciles de alcanzar.

Cómo se utiliza el tablero de visión

Lo mejor de esta herramienta no solo es lo divertido que resulta crearla, sino lo fácil que es utilizarla. Cuando se ha terminado todo el tablero de visión todo lo que tiene que hacerse es colocarse en un lugar donde se mire todos los días y dedicarle unos minutos a contemplarlo.

La mejor forma para conseguir alcanzar los objetivos es tenerlos presentes siempre en la mente. De esta manera el cerebro de manera automática va a trabajar en ellos para que estén más cerca de alcanzarlos.

El tablero de visión es la herramienta ideal para lograr las metas. Se coloca donde se puede ver a diario, así cada persona se va a obligar a conseguirla. Hacer un tablero no toma demasiado tiempo, no se gastará dinero y el resultado es maravilloso.

Ahora que se conoce lo que es el tablero de visión, solo queda ir por la tijera y el pegamento, y ponerse manos a la obra a construirlo.

Técnica 8. Contemplación

La contemplación. Una actividad que se incluye dentro de la meditación. Tiene tantos efectos contemplar. Es contemplar la creación, como regalo divino e infinito que Dios nos pone en las manos. Es mirar, leer, escuchar, oler, sentir. Los sentidos absorben el don de la naturaleza, las criaturas, los paisajes. Contemplar es terminarse enamorando, fascinarse por el entorno.

Más allá del gozo que produce aprender a contemplar, es un paso esencial para la conversión a unos estilos de vida más sencillos y llenos de respeto con la creación y el entorno.

Es más fácil cuidar aquello que se conoce se valora y se admira. Estos nuevos estilos de vida pasan por cambios en aspectos muy variados en la vida. Es el consumo, la alimentación. Es aprender a contemplar y a respetar todo lo que se tiene alrededor.

Contemplar ayuda a reducir, a recuperar espacios y tiempos perdidos en la vida. Tener espacios para muchas cosas nuevas que nutran el espíritu. Dedicar espacios para leer, para contemplar, para rezar. Conectar con las raíces es importante porque se vuelve a lo que se es en esencia, se regresa a ser las criaturas que siempre se fue y a los paisajes, la naturaleza. Eso lo da la contemplación, la admiración.

Se puede contemplar en el proceso de la meditación. Formar parte, a propósito, el próximo punto trata sobre la importancia de la meditación y allí se explica cómo se incluye la contemplación.

Técnica 9. Meditación

La meditación se considera una práctica que sirve para educar la mente e inducir a la conciencia a través de técnicas como la atención o la concentración.

Ayuda a ganar consciencia y a restablecer la conexión interior de un individuo, mejora el entendimiento de la vida y permite evolucionar en todos los aspectos.

Se vive gran parte del tiempo conectados con el exterior, esto impide que se vea con claridad las señales que lanza la vida que tienen la responsabilidad de ayudar a progresar y conectar con el interior.

Las personas deben nacer y existir aprendiendo todo lo que ofrece la vida, la profundidad de tantos conocimientos que causen un cambio profundo en el interior. La meditación es uno de ellos.

Es un cambio que les permite potenciar todo tipo de cualidades positivas y erradicar las negativas. Ayuda a conseguir un estado profundo de calma y bienestar.

En consecuencia, se abandona la vida sufriendo sin haber encontrado respuestas a las verdades de la vida. Sin haber vivido lleno de paz y felicidad.

Beneficios de la meditación

La meditación tiene un espectro muy amplio de prácticas que promueven la relajación y ayudan a construir energía interna, ayuda a desarrollar cualidades positivas como compasión, perdón y amor.

Ayuda a erradicar cualidades diferentes a las que realmente debes tener presente. La meditación puede ser una de las prácticas más influyentes en la vida, gracias a ella se puede conseguir un impactante cambio, convierte a las personas en sabias, felices y con más bienestar.

La meditación puede lograr esto:

- Ser una persona completamente feliz y satisfecha.
- Librarse del sufrimiento que hay en la condición humana.
- Se comprende el significado de la vida y la existencia.
- Se convierte en una persona sabia respecto a la vida.
- Se promueve el bien y aparece la energía positiva.
- Se lidia mejor con todo tipo de circunstancias y con todo tipo de sentimientos y emociones.
- Se tiene salud y bienestar.

En la vida todo tiene un origen y muchas terminaciones. La vida presenta muchos asuntos y aunque son distintos y se piense que no tienen relación entre ellos. Todos se inician en la mente.

Se pueden buscar soluciones individuales a cada situación, siempre aparecerán nuevos sucesos, se debe practicar la meditación, y todos esos sucesos dejarán de percibirse como situaciones no deseadas. Se afrontarán desde una perspectiva muy diferente.

Hay que mentalizarse ya que las cosas no se consiguen de un día para el otro. Hay que poner mentalidad, dedicación y esfuerzo y potenciar al máximo los beneficios de la meditación.

Técnicas para empezar a meditar

Hay tres técnicas para empezar la meditación, cada una de ellas trabaja de una manera distinta.

Concentración:

Esta técnica se enfoca en la atención sobre un objeto de meditación. Esta puede ser la respiración, una emoción, un mensaje o una idea.

La meditación clásica de concentración es la meditación Zen. Es un tipo de meditación muy beneficiosa para mejorar el enfoque, ayuda a mantener la concentración en un solo punto y evita que la mente se disperse en otras direcciones. Cuando se está concentrado se hace una persona más productiva y eficiente.

Contemplación:

Es una técnica que implica contemplar o prestar atención a distintas experiencias. No hay que opinar ni reaccionar ante ellas, es solo observarlas sin emitir ningún tipo de juicio.

Hay meditaciones clásicas de contemplación como la meditación Vipassana y Zazen. Es un tipo de meditación beneficiosa para mantener la atención en la vida y las experiencias que esta ofrece. Por tanto, permite conectarse con el presente y a tratar mejor con el dolor y aprender a ser más positivo.

Trascendencia:

En las meditaciones anteriores se requiere un esfuerzo o enfoque para mantener la meditación. La meditación trascendental no tiene intento para dirigir la atención.

En esta técnica se trasciende y se introduce en un estado poderoso de conciencia. Está libre de control mental o de pensamiento.

Es una meditación clásica con trascendencia, es una meditación trascendental. Es un tipo de meditación que ayuda a desconectar completamente, permite un descanso más profundo en el cuerpo y la mente. Esta no se involucra en un esfuerzo mental continuo de concentración y contemplación.

Cómo meditar

Meditar es sencillo. Requiere práctica. A continuación, una manera de meditar con la concentración Zen.

Para poder hacer esta meditación es necesario estar en un lugar, sentado de manera cómoda, especialmente manteniendo la espalda recta sin apoyarla en ningún lugar. Se puede estar en el suelo con las piernas cruzadas o en una silla o en la cama.

No se recomienda hacerlo tumbado, porque es probable que llegue el sueño y la meditación termine haciendo que se duerma.

Al estar sentado se cierran los ojos y se empieza a respirar profundamente por la nariz, tanto en la inhalación como en la exhalación y debe hacerse lentamente. El aire se debe enviar al estómago y luego a los pulmones.

Ahora se debe imaginar cómo se bota el aire por las fosas nasales, cómo atraviesa las fosas nasales y los conductos que llegan al estómago, y sentir cómo se hincha este poco a poco.

Luego que se ha hecho la inhalación se debe imaginar el proceso a la inversa. Sentir cómo el estómago se deshincha, poco a poco y el aire va a los conductos internos hasta ser expulsado por la nariz.

Entre cada inhalación y exhalación se deben tomar unos segundos de pausa y no respirar, en este instante se busca dejar la mente en blanco, sin pensar en nada. Si aparecen los pensamientos hay que dejarlos estar, son parte de la experiencia. Luego de tenerlos allí estos solos se irán y luego con la práctica se logrará aprender a tener la mente en blanco.

Luego de hacer este ejercicio por unos cinco minutos. Con la mente relajada, se debe empezar a contar la respiración del 0 al 10. Cada vez que se termine un ciclo de inhalación y exhalación se cuenta 1 y así hasta llegar a 10. Se hace lo mismo constantemente durante diez minutos.

Cuando invadan los pensamientos y se pierda la cuenta se empieza a contar de nuevo. Es un método ideal para comenzar a meditar

Técnica 10. Visualización creativa

La visualización creativa se puede definir como una técnica donde la imaginación tiene un papel importante, es la que hace que los sueños o metas deseadas se alcancen. Es una manera de atraer el éxito y mejorar la vida con la capacidad de la mente.

Se es capaz de alterar las circunstancias que rodean a una persona y hacer que los acontecimientos sucedan.

Es una manera de utilizar el poder de los pensamientos que ayudan a atraer lo que se piensa y convierte la imaginación en realidad. Es una manera de moldear el mundo que se desea, porque si se crea algo en la mente, tarde o temprano podrá tocarse con las manos.

La visualización creativa utiliza la imaginación para crear lo que se desea en la vida, no es algo novedoso, se utiliza todos los días a cada minuto. Solo que no se es consciente de ello.

Por medio de la visualización creativa se puede alcanzar metas que se tienen en mente. Aunque no funcionan en todas las personas, porque cada una tiene áreas que debe trabajar con perseverancia para cambiar. Se deben tratar las limitaciones que están por las creencias y los pensamientos.

Es importante abrir la mente porque cuando se mantiene abierta se aprovechan mejor las oportunidades. Hay que estar por encima de cualquier situación. Esto lleva algo de tiempo para poderlo dominar, cuando se logra las cosas comienzan a cambiar para bien. Es un esfuerzo que vale la pena hacer. Los resultados comienzan a notarse desde el primer momento. Solo se requiere que se abra la mente y se busquen los pensamientos positivos.

Muchas personas piensan y se repiten constantemente los mismos pensamientos acerca del entorno y las situaciones. Es por esto que las escenas se repiten una y otra vez. Estos pensamientos pueden ser cambiados y tener una realidad totalmente distinta.

Cuando se quiere hacer una visualización creativa para poder alcanzar una meta se tienen que seguir algunos pasos. Estos son:

Tener claro el objetivo

Es tenerlo claro para poder alcanzarlo, para ello es importante que la meta sea realista y que se pueda creer.

Asegurarse los pensamientos para el bien propio y para el de los demás

Los pensamientos tienen poder, y debes usarlo para tu bienestar, lo que se crea tiene que ser bueno para la propia persona y para los involucrados.

Es necesario colocarse en un lugar tranquilo, donde no haya distracciones, y respirar profundamente por un corto tiempo, hasta sentirse más relajado.

Se debe visualizar una imagen clara y detallada de lo que se quiere conseguir. Se utilizan los sentidos y se añade el deseo e imagina el sentimiento que se siente.

Se debe hacer la visualización por lo menos un par de veces al día por un periodo de diez minutos cada vez. Es bueno hacerlo con perseverancia y tomarlo como una rutina para que se obtengan los resultados deseados.

Mantener la mente abierta todo el tiempo

Para aprender a reconocer las oportunidades cuando se presenten es importante tener la mente abierta y tener una visualización creativa que te abrirá las puertas, las cosas no suceden por si solas. Se debe actuar y tomar las medidas para poder alcanzar el provecho en la situación.

Es bueno mantener siempre una actitud positiva, con pensamientos y palabras que sean optimistas. Cuando haya ideas o pensamientos no convenientes, estos se deben reemplazar por pensamientos positivos.

Al terminarse la visualización se repite algo como "todo lo que sucede es satisfactorio y lleno de armonía para mí y los involucrados".

Técnica 11. Segmento de la intencionalidad

Esta es una técnica creada por Esther Hicks. Este proceso es en el que se definen las características vibratorias del segmento del tiempo en el que se está. Es una manera de preparar el camino vibratorio para tener un mejor viaje, lleno de alegría y facilidad.

Ayuda a centrarse en las cosas que se sienten que están bien ahora. En cómo se quieren sentir. Es un proceso poderoso que ayuda a tener un mejor viaje emocional. Sirve para concentrarse en los pensamientos y a ser más consciente de dónde están, para emitirlos con más consciencia.

Con el tiempo hacerlo es más natural y se podrá detener un momento cada vez que se entra en un segmento y se dirige de manera deliberada la intención o las expectativas.

Cada vez que se cambian las intenciones se entra en un nuevo segmento. Por ejemplo, si se lava la ropa y suena el móvil y se va a contestar, se entra a un nuevo segmento. Cuando se sube al coche se entra en un nuevo segmento. Si entra una persona a la habitación se entró en un nuevo segmento.

Si se dedica un tiempo a conseguir el pensamiento correspondiente a la expectativa que va a comenzar, se entra en un nuevo segmento, incluso antes de entrar en el mismo. Se puede regular el tono más específicamente que si se entra en el segmento y luego se empieza a observar cómo es.

El segmento de la intencionalidad se centra en el viaje emocional. Siempre y cuando se establezcan las intenciones sobre cómo se quiere sentir y cómo se gustaría desarrollar el segmento para algo positivo.

Se puede poner el nuevo segmento, se termina de trabajar, se para en la tienda, se compran cosas de comer y productos de limpieza, se detiene en cada sitio, apagar el coche, antes de bajarse se aplica el proceso de segmento de intencionalidad. Este proceso es llevar la compra a la casa y ponerla en su sitio.

Las intenciones en este proceso es sentirse eficiente y productivo haciendo esta labor. Sentir que hay organización y que el cuerpo se siente bien. Y al sentirse bien el cuerpo se completa un ciclo que no termina, de completas satisfacciones que conllevan a nuevas experiencias positivas que a su vez van reforzando nuevas conductas productivas.

De eso trata el segmento de intencionalidad.

Otro ejemplo puede ser una situación laboral:

Se tiene un sueldo bueno, comparado con el ofrecido en otros trabajos. Eso hace que se tengan ganas de trabajar, para ello debes mantener la intencionalidad con un segmento de conductas positivas que sigan reforzando tu éxito y tus emociones positivas.

El nuevo segmento es: ducharse, vestirse, estar desayunado. Ir al trabajo, estacionar el coche y antes de bajarse de este dedicar dos o tres minutos al nuevo segmento de intencionalidad. Este implica: una reunión de una hora donde se estará con la supervisora, la intención es llegar a tiempo, que parezca que se viene genial de casa, que la mente está clara y contenta. Disfrutar de los compañeros de trabajo. Sentirse feliz en la oficina. Que los demás se sientan felices también.

Los nuevos segmentos de intencionalidad pueden verse sencillos y por eso pueden parecer poco válidos. El hacerlo convierte la vida en dinámica y apasionada. Es muy efectiva.

Mejora la relación entre la vibración actual y la del deseo. Se aumentan las expectativas positivas y cambia todo el entorno.

Técnica 12. Fusión con la meta

La técnica de la fusión con la meta consiste en enfocar los objetivos con la actitud, es tener disciplina y practicar para tener organización y planificación. Esto permite que se pueda dar prioridad y emprender las acciones que ayudarán a alcanzar las metas que se desean.

Hay algunas características que las personas hacen y están orientadas a enfocarse en lo más importante que es lograr las metas:

- Las personas que están enfocadas alinean los pensamientos y logran las metas.

- Siembran mucho y cosechan abundancia.

- Tienen la mentalidad en positivo y saben que van a cumplir los sueños.

- Se enfocan en lo más importante en lo que les hará marcar la diferencia.

- Se concentran en el trabajo y dedican el tiempo para obtener los logros que están buscando.

- Simplifican las cosas y desechan lo trivial.

- Generan orden y tienen una sana orientación a la acción.

- Superan lo que no es favorable y así van más allá siempre buscando lo positivo y atrayendo abundancia, prosperidad y éxito.

- Invierten bien el tiempo.

- Se alejan de las personas tóxicas.

- Mantienen hábitos saludables, se alimentan bien y hacen ejercicio y descansan.

- Se enfocan en leer, en formarse y mantenerse preparadas para el resultado que buscan.

- Desarrollan un sentido de urgencia y se mueven con rapidez porque eso les genera más energía y los enfoca hacia las metas.

La técnica de la fusión con las metas significa conectar con esos propósitos y hacer lo que sea necesario para alcanzarlo, con la mente centrada en ese propósito. Es tener la proactividad y la productividad centradas en este propósito.

Tener una meta grande y alinearse para llegar a ese lugar, esto potencia el crecimiento.

Qué sucede si el emprendimiento de las acciones es constante y se planifican hacía las metas. Pues que se llegan a ellas.

Método de José Silva

Las actividades diarias requieren de concentración para poderlas llevar a cabo. De este modo no suceden las distracciones ya que se tiene la mente entrenada.

Muchas actividades requieren de una dosis de concentración. Esto puede ser posible con una mente capacitada para hacerlo.

La concentración es una fuente de éxito y esta es la clave para poder lograr los mejores resultados. La concentración es necesaria para alcanzar todo lo que se desee, y está demostrado que mejora el aprendizaje y la memoria.

Todos pueden desarrollar la capacidad de desarrollar las capacidades de concentración.

Dentro del método de Silva hay formas de mejorar la concentración y lograr centrarse en los objetivos:

La metacognición

Es aprender a fusionar la atención en general, trabajar las distracciones que más afectan y cuando se empieza a fatigar. Es tratar aspectos fundamentales que ayudan a gestionar mejor los recursos para mantener la atención.

Descansos periódicos y mejorar el entorno natural

Hay muchos estudios realizados donde se habla del poder de los ambientes y cómo influyen en el trabajo. El poder de los ambientes naturales como parques y bosques ayuda a reducir la fatiga atencional. Si es posible se puede trabajar en un parque o pasear por la naturaleza un par de horas, ayuda a conectar con nuestra esencia y recuperar el ánimo.

Entrenar las capacidades cognitivas

Cada día hay más publicaciones científicas que hablan de las mejoras en las capacidades mentales. El método Silva sirve para poder mejorar las habilidades mentales y poder llevar la vida al próximo nivel. Se aprende a alejar todo lo que no vaya en sintonía con nuestros objetivos y deseos y a solucionar los asuntos y mantener la concentración para lograr todo lo que se propone.

Con el método Silva se puede lograr lo que se proponga en todas las áreas de la vida.

Modificar el entorno

Es importante modificar el entorno, eliminar las distracciones que haya. La televisión, la gente que habla, la música que distrae. La meta es tener el enfoque en lo que se hace para alcanzar mejores resultados.

Es importante estar cómodo, así que no se puede olvidar la temperatura del entorno una silla cómoda y todo lo necesario para poder estar a gusto.

El método Silva parte de premisas básicas, la primera es que enseña a las personas a ser genios, la otra es qué es un genio. Los genios son personas que piensan con los dos lados del cerebro.

Este método potencia el uso del lado derecho, el 90% de la humanidad utiliza el izquierdo. Cuando el cerebro emite ondas alfa, ambos lados del cerebro están pensando, según el empleo del nivel alfa podría mejorar el cociente intelectual y ayudar a desarrollar un potencial que no se conoce y que incluye hasta la clarividencia y otros procesos psíquicos.

Se puede lograr la autocuración o la telepatía. Se puede lograr el desempeño personal en la vida.

Se puede enseñar a las personas a unir los campos objetivos y subjetivos del pensamiento, de esta forma se pueden transferir habilidades especiales a los demás.

Se puede adquirir un mayor autocontrol del funcionamiento del cerebro, se asume una posición de dominio interno y se puede tener una oportunidad de modelar la vida partiendo de las acciones. Según esta teoría, pensar normalmente corresponde a un nivel, la relajación y el sueño corresponde a otros niveles más profundos, Silva propuso aprender a utilizar el nivel mental más adecuado para cada propósito de acuerdo con su esquema.

Este método hace énfasis en el estado mental alfa. Porque considera que es un nivel que permite desenterrar los recursos de la vida interior.

Se puede lograr el control a través de la relajación. El primer objetivo consiste en el aprendizaje de la técnica de relajación y el control de las frecuencias Alfa. Es experimentar con este nivel por medio de ejercicios de relajación. Esla primera fase. Los ejercicios permiten lograr la experiencia para entrar en el estado alfa tras un corto periodo de tiempo. Sirve de referencia interna en los demás ejercicios mentales.

Se puede controlar las áreas específicas. El punto básico de este método es que todos los asuntos tienen respuestas dentro de las personas, la existencia de un asunto quiere decir que se tiene que enfrentar la situación que parece demasiado difícil de resolver. Llegar a esa solución se logra cuando se hacen cambios en la persona o cuando se emprende la manera de cambiar las condiciones del exterior.

Es un sistema que propone realizar este proceso de manera efectiva por medio de los niveles interiores. Como con el nivel Alfa. Este aporta condiciones mentales y emocionales favorables para poder hallar soluciones a los asuntos y modificar las actitudes, son ideas acerca de sí mismos, son reacciones emocionales.

En el método Silva también está la programación interior. Que es disponer de un entorno que sea positivo. Es cambiar la palabra asunto pendiente por proyecto. Es la programación para desarrollar hábitos y patrones de conducta positivos.

También es el automejoramiento personal. Se enfoca en la formación de nuevos hábitos que cambien los que son patrones habituales que indudablemente debes superar. Es un proceso de reestructuración que busca deshacerse de hábitos que son no deseados, es la resolución de cualquier circunstancia que introducen aprendizajes específicos basados en la aplicación de nuevos programas presentados al cerebro mientras está en funcionamiento Alfa.

Esta premisa se apoya en la programación, en la visualización creativa, donde el cerebro no distingue una experiencia real de una interna y completamente creada por la imaginación.

Método de Joe Vitale

Es una técnica que se basa en varios pasos. Estos son:

Enfocarse en lo que se quiere

Es analizar lo que se desea y poner todo el enfoque en esta meta que se quiere alcanzar.

Declarar las intenciones, o sea establecer las metas

Cualquiera que sea la intención se debe tener clara para alinear con el cuerpo y con la mente para ir en una dirección en particular.

Algo mágico sucede cuando se manifiesta la intención tanto en el comportamiento como en el universo y reorganizarlo para poderlo lograr.

Hay que declarar intenciones completamente positivas, admitir la felicidad, que se quiere vivir en paz, en armonía, y así estas intenciones van a dirigir tus decisiones, actitudes y todo cuanto tenga que ver con tu actuación en la vida.

El mundo perdona y olvida. Por eso si en alguna ocasión actúas de la forma que no esperabas, o si las cosas suceden de forma diferente a lo que deseas, solo debes tomar lo sucedido como un aprendizaje.

Es una retroalimentación. Hay que vivir siempre pensando en lo que se quiere ser realmente, y atrayendo así las condiciones para el desarrollo de tu potencial.

Lo primero que se tiene que hacer es enriquecerse de pensamientos positivos. Cuando se hace entonces se puede ayudar a otros. Para poderlo hacer necesitas creen en ti, hacerte consciente de que cuentas con las herramientas y las conexiones.

Hay que declarar lo que se quiere, el éxito en todo lo que te propongas en la vida.

Eliminar las creencias que vayan en otra sintonía diferente a tu deseo interior

Liberar de manera automática tus pensamientos es tener el espíritu consciente en favor de buscar el origen de los pensamientos o los sentimientos. Es tomar cada área del pensamiento y analizarlo y resolverlo.

Es atravesar todas las generaciones del tiempo y la eternidad, curar los incidentes con base en el origen. Se debe hacer con voluntad de Dios, lleno de luz y de verdad. Con la paz y el amor de dios.

Es pedir perdón por cada uno, por las percepciones incorrectas y por las circunstancias o eventos que contribuyen a estos pensamientos y sentimientos. Es tener un amor y un perdón incondicional, es permitir la transformación de todo suceso físico, mental y espiritual y de todo comportamiento.

Se siente el resultado de lo que se quiere obtener

Es ver la situación como algo externo y buscar el modo de darle una solución o una razón de ser. El mundo es un espejo que refleja lo que sucede dentro.

Hay que asumir la sensación de un sueño realizado, hasta que se asuma con toda la intensidad sensorial de la realidad. Es asumir el deseo hasta que se tenga. Proyectar el futuro que preocupa e imaginarlo como ya materializado hablando en pasado de este.

Cuando se desea que suceda algo en el futuro, hay que escribir cómo quiere que este resulte y cuando ya ha ocurrido se escriben los detalles vividos con todas las emociones que corresponden. Contándolo tal como si hubiera pasado. No hay que centrarse en los detalles, solo en el resultado.

Finalmente viene un paso en esta técnica que es el más importante, en este paso se da lo que tiene que darse para que la técnica sea totalmente efectiva.

Tomar acción

Con la ley de la atracción se atraen ideas fundamentales, cuando se está enfocado en lo que se quiere se establecen metas y se eliminan creencias diferentes a las que realmente son convenientes.

Es aprender a visualizar el resultado como conseguido. La mente subconsciente se pone a trabajar para proporcionar lo que se desea, es cuando se tiene que prestar mucha atención a ideas y señales que se envían y cuando llegan normalmente se ponen en práctica por medio de la acción.

Hay que pensar en resultados, en logros, en todo lo positivo. Cuando el resultado no es el que se espera, solo se cambian las acciones hasta lograr el estado esperado. Es parte de la ley de atracción, ahí está el secreto de todo.

Método de Joe Dispenza

Dos de las capacidades más singulares que posee el ser humano es que tiene las facultades de la autorreflexión y el libre albedrío. Esto quiere decir que se tiene la capacidad de ver dónde se está y a dónde se quiere llegar y en consecuencia cómo se actuará.

Esto se oye fácil, la clave es que debes tener confianza en los pensamientos, creencias, conductas y acciones, y se producirá un cambio. Así que la clave está en la confianza que significa que se está anticipando la misma experiencia.

Esto parece irónico, es como la rueda de un hámster. Si no se consigue la manera de bajarse de esa rueda entonces siempre se irá al mismo destino. Sea que se repitan los errores o que se avance a un destino genético.

El libre albedrío y la autorreflexión son aspectos elevados de la humanidad. Aspectos que conducen a la totalidad, la unidad y la grandeza individual.

Así que si autorreflexionas constantemente, podrás darte cuenta de cuántas oportunidades tienes en la vida para tomar decisiones que puedan llevarte a un mejor estado de emociones, de vida, de pensamientos y a una mejor realidad.

Reflexionar y pensar en positivo son acciones que debes practicar a diario, así podrás anticipar las situaciones para poder hacer que todo lo que suceda sea favorable a lo que quieres alcanzar en la vida.

Cada uno tiene la elección. Se puede elegir qué sentir. Una vez un hombre conoció a una mujer que tenía 97 años de edad, le preguntó cuál era el secreto de la longevidad y la señora respondió con tranquilidad que ella siempre había sido una persona feliz.

Entonces le preguntó si había habido razones para no ser feliz y ella dijo que claro, muchas para serlo, muchísimas.

A lo que el hombre le preguntó que, si estaba comprometida con la felicidad, más que con otras emociones.

La señora le miró por un rato, perpleja y luego le respondió, que sí, que en realidad esa era su filosofía.

En los tiempos actuales se ven muchas personas que trabajan por alcanzar los sueños, tienen emociones de vibraciones bajas y pasan toda una serie de pensamientos por sus cabezas.

Esto puede aprovecharse positivamente. Cuando se ve el lado de sí mismo se descubre que no es el verdadero yo, es que se ha traído consciencia al inconsciente. En otras palabras, se ha arrojado luz en un aspecto de sí mismo que se debe superar.

La cuestión es aprender a trabajar con estos estados emocionales. Dominar las emociones que se experimentan. Cuanto más se vive en ese estado, más se ve como si se estuviera buscando o creando una razón para sentirse satisfecho. Independientemente a medida que se alimenta el sentimiento se produce un conjunto de sustancias químicas en el cuerpo, este tipo de interacción entre el mundo interno y externo hace que las cosas avancen. Deja como resultado que se sienta más emoción por seguir adelante.

Muchas personas tienen sentimientos que se convierten en una espiral ascendente. Este es un ejercicio sencillo para incorporar en la vida:

- Ser consciente del programa que actúa en cada uno.

- Detener el programa.

- Comenzar de nuevo.

Así de sencillo es.

Las investigaciones muestran que cuando se empiezan a hacer cambios por sí mismos, y se van haciendo cosas buenas se van tomando más decisiones en una dirección positiva. Es un proceso de aprender a mantenerse consciente y elegir la felicidad. Esto marca la diferencia en la vida. Incluso cuando se tienen que excusar situaciones por un par de minutos, con estos pasos se puede cambiar el curso de una conversación, una situación, la salud e incluso la vida.

Joe Vitale también explica una técnica de respiración que ayuda a las prácticas de meditación, es una forma de aprender a separar la mente del cuerpo y desplazar la energía acumulada al cerebro. Esto se traduce en restauración del campo electromagnético.

La propuesta del autor tiene esta secuencia:

- Contraer los músculos internos del perineo mientras se inspira.

- Encoger los músculos del abdomen inferior y luego los del superior.

- Mantener la tensión en las zonas durante un rato, esto genera que se propague el líquido cefalorraquídeo hasta lo alto de la columna.

- Igualmente es necesario atraer la atención en cada fase del proceso.

- Luego se aprietan los músculos, se tiene que tener consciencia del recorrido desde la columna vertebral, pasando por el pecho, la garganta y la cima de la cabeza.

- Cuando se llega a la coronilla es el momento donde se contiene el aliento y se sigue apretando.

Cuando se acelera el movimiento ascendente del líquido cefalorraquídeo se genera una corriente que fluye. Esto se traduce en la formación de un campo electromagnético tridimensional. El cuerpo comienza a trabajar cual si fuera un imán.

Se comienzan a generar ondas gamma y se continúa haciendo esta práctica hasta que se logran producir las ondas cerebrales alfa.

Otro de los efectos de este tipo de respiración es que se trasmuta melatonina en benzodiacepinas, son activos químicos que inhiben las sustancias que hacen que se sientan algunas emociones específicas.

Deja como resultado una mente analítica relajada y se despiertan las zonas de creatividad.

Cuando la glándula pineal atrae energía al interior del cuerpo, se recibe información que no es visible ni perceptible por los sentidos. Esta es una información que viene del campo cuántico según cuenta el propio Dispenza.

Esto hace que se experimente una energía poderosa, algunos la llaman un orgasmo del cerebro y otros le dicen el movimiento de la kundalini.

Ho'oponopono

"Si quieres resolver un problema, cualquier clase de problema, trabaja en ti mismo." – Ihaleakala Hew Len.

El Ho'oponopono reconoce que todos somos parte de una consciencia, como tal se reconocen las reacciones y acciones que afectan todo lo que se experimenta. Somos responsables de nuestras experiencias y si el entorno sufre nosotros sufrimos.

"Ser responsable de tu vida significa que todo en tu vida, por el solo hecho de ser tu vida, es tu responsabilidad. En sentido literal, el mundo entero es tu creación", explica Hew Len.

Esto quiere decir en otras palabras que se está viviendo en una consciencia compartida, un holograma compartido en el que la consciencia de un individuo cambia y hace que todo cambie.

Cómo influye esto

Muchas veces se está en una situación en cualquier entorno de la vida que genera una emoción agradable. Donde suceden cosas que causan un resultado, y este puede ser muy positivo en el mundo, de hecho, cuando no lo es, igualmente se puede cambiar y hacer que sea positivo.

Nada importa. Solo se tiene que recordar que se tiene el poder de ayudar en una situación y mantener el enfoque y abrirse a un poder más grandioso en el universo. El amor.

Lo importante es reconocer que somos responsables de lo que sentimos y que trabajar en nosotros mismos puede hacer que las cosas cambien.

¿Utilizó un mantra?

Se dice que este hombre, Hew Len, utilizó un mantra.

Por favor perdóname…Lo siento…Te amo…Gracias.

No solo fue eso, sino que siguió el proceso del Ho'oponopono y este le permitió dirigirse al aspecto de la consciencia que compartía con el paciente en cuestión.

El hecho es que esa persona estaba con la experiencia y esto significaba que compartían la misma consciencia universal, por tanto, si esa persona sufría significaba que una parte de él también sufría y necesitaba sanar.

Al final, todo el pabellón sanó.

Capítulo 5. Las 6 leyes de la mente

El reconocido autor Ihaleakala Hew Len, famoso principalmente por la técnica del Ho'oponopono y por asistir a un centro médico de Hawái, donde curó a una buena cantidad de personas que de otra forma no habrían recibido sanidad. También es un hombre que ha abordado muchos temas relacionados con la mente y el poder que esta tiene. A propósito, habló de un famoso libro "El poder de la mente" de John Kehoe. Esto es lo que desarrolla acerca de las seis leyes de la mente:

Ley 1. Conexión

El poder de la conexión es poder conectar con el entorno y consigo mismo, es aprender a desarrollar una armonía con todo lo que está alrededor.

Un gran líder es el que puede conectarse en los niveles grupales e individuales. Está el caso de Ronald Reagan. A este presidente se le conocía con el apodo del Gran Comunicador. Tenía el poder de llegar al corazón de las personas, tanto así que cuando volvía después de un viaje a la Casa Blanca el personal dejaba de trabajar impaciente por recibirlo.

Ley 2. Inserción

La inserción es uno de los poderes de la mente, donde trabaja con el Yo. Se refiere a la vivencia del Yo, se tiene la convicción de que algunos pensamientos propios no son de uno mismo, sino que se insertan en la mente por las vivencias que se han experimentado a lo largo de la vida, las experiencias que se han tenido desde la infancia y han quedado insertadas poco a poco y forman parte de la conducta actual.

Conocer esto permite que se trabajen las emociones, pudiendo insertar pensamientos que sean más idóneos con los objetivos.

Todo inicia en la manera de pensar, en la conexión que tenemos con los demás, como se formulan los pensamientos y explicando los sucesos que influyen de cualquier manera sobre las acciones. Es aprender a darle el efecto correcto a lo que se va a los sucesos del exterior.

Ley 3. Los pensamientos son fuerzas reales

Lew habla del poder de los pensamientos, la fuerza que tienen con el entorno. Es como cuando se lanza una pelota esta regresa de vuelta. Cuando se es un niño se imagina saltando muy alto, imaginando que se volará hasta el cielo, pronto se vuelve al suelo atraído por la fuerza de gravedad.

Otra imagen: cuando se piensa mucho en una persona y luego se encuentra con esta o llama, a lo mejor una pareja, un gran amigo, una persona a quien se extraña. Luego de pensarse en la persona aparece en el camino. Esto es el poder de la mente manifestándose, mostrando su fuerza.

El universo tiene muchas leyes, como la tierra dando vueltas alrededor del sol, la luz orbitando alrededor de la tierra, las estaciones del año. Si se piensa por un momento se notará que son fuerzas que no tiene explicación, no hay que olvidar que están allí. Son fuerzas invisibles y se reconocen por la presencia que se percibe en el entorno. Así hay muchas fuerzas en la vida que no se toman en cuenta, aunque generan resultados.

Hay una situación interesante, mucha gente habla de la suerte, de la casualidad, de la fortuna, esto no existe en realidad, son las mismas leyes del universo que hacen su manifestación. El universo se rige por pensamientos y principios.

El universo es gobernado por leyes y todos los seres humanos son parte del universo, no es obra de casualidad sino de los principios, de las leyes que se han puesto en funcionamiento para moldearla tal cual son.

Está comprobado que el mundo no es realmente como se ve, por doquier se ven muchos objetos materiales, si se observan están compuestos por átomos, y si se exploran otras teorías se llega a que son solo energía, como todos nosotros estamos compuestos de energía desde un átomo, hasta la esencia completa que se ve en el universo. Cada elemento que tenemos es energía, un pensamiento es energía y cuando este se crea viene compuesto del tipo de energía que se le haya inyectado.

Cuando se piensa, qué produce el cerebro. En un electroencefalograma se podría decir que produce energía y vibraciones. Isaac Newton enseñó que cada acción tiene una reacción. Cada que se piensa se produce una vibración que tiene una consecuencia, por eso es que el pensamiento es fuerza, cada vez que se maneja energía se está siendo una causa que producirá un cierto efecto.

Muchos sabios han hablado sobre el poder de la mente, ellos han sabido de cosas buenas y malas en la mente. Lo que se atrae con los pensamientos. Cuando se piensa en las cosas de la vida que alarman o que van en una vibración menos conveniente a lo que realmente necesitas en tu vida, debes pensar en positivo.

El primer paso es cambiar la manera en la que se piensa. Procurar generar pensamientos con energías altas como la alegría, el optimismo, lo que genere buenas emociones y alejar todas las energías de vibraciones bajas.

La electricidad que se genera no es mala en sí. Puede llenar de vida o puede apagar a una persona, todo depende de la manera en la que se utilice. Es el modo en el que se puede utilizar la fuerza de los pensamientos.

Por ello es que es importante aprender a controlar el poder de la mente, aprender a generar los pensamientos, la meditación es un camino óptimo que ayuda a utilizar la energía de tal manera que se convierta en una fuente de energía que siempre se ha querido tener, los pensamientos tienen que acercar a los objetivos.

Ley 4. La mente como una estación que recibe y envía pensamientos

Una de las imágenes que aborda Lew es sobre los pensamientos vistos como pasajeros en una estación o una terminal. Es fácil de imaginar, puede ser una estación de autobuses o la estación del metro, todo el día los pensamientos vienen y van, fluyendo de manera autónoma cada uno con una finalidad. Cuando vienen en el medio de transporte se bajan en la estación correspondiente y se quedan allí, haciendo la tarea que están destinados a cumplir al momento de llegar.

Asimismo, hay pensamientos que son enviados al exterior, se pueden formular en palabras y cuando salen tienen una finalidad y unas consecuencias. La idea final es conseguir que los pensamientos terminen generando unos resultados positivos, igualmente los pensamientos que llegan tienen que usarse con un buen fin. La mente es la estación donde se reciben y envían pensamientos, depende de la estación, hacer lo mejor con los pensamientos y producir "pasajeros" con buenos objetivos.

Ley 5. Atracción

El Ho'oponopono, en la lengua original de los hawaianos, el significado es "corregir un error" o "hacer lo correcto" su finalidad es hacer una limpieza mental de lo que se tiene almacenado en el subconsciente, las creencias, los recuerdos o memorias que se han creado, también es trabajar y comprender que todos estamos interconectados y cuando una persona sufre nosotros sufrimos, precisamente por la relación que tenemos entre todos.

El ser está conformado por el espíritu, la mente consciente y la parte subconsciente, allí es donde se almacenan las informaciones que pueden ser o no erradas.

La ley de atracción juega un papel importante en nosotros, sea con el espíritu de Dios o con la divinidad que vive en nosotros. A esta entidad es a quien se le pide que limpie y purifique el origen de todo lo que nos ocurre a nosotros y a los demás. Se sanan los recuerdos, los pensamientos y los sentimientos, para poder neutralizar las energías negativas que son la raíz de las cosas, los sucesos y las personas que nos afectan.

En el Ho'oponopono no se requiere ver la causa de lo que ocurre, ni el origen o el culpable. Cuando se note que algo dentro incomoda con relación a otra persona, o un suceso o una cosa, se tiene que realizar el proceso de limpieza y para esto se tiene que ser consciente y conectar con el subconsciente para que este se comunique con el espíritu.

Es la manera de limpiar lo que está sucediendo dentro y atraer nuevas energías. Ya el universo y Dios en su infinita sabiduría saben lo que se tiene que hacer y al momento de hacer la petición la mente sabe qué es lo que se quiere cambiar.

Cuando se pone en marcha la mente y se dice "lo siento" se reconoce en la mente la situación y el efecto de la ley de atracción sobre este. Se busca atraer la solución y la absolución.

La ley de atracción es poner en funcionamiento los pensamientos para atraer lo que se desea, es pedir al universo que comiencen a materializarse aquellos deseos y objetivos que se tienen en mente.

La ley de atracción es esencial para comprender la condición de los seres humanos, se afirma que somos un imán viviente. Se atrae a la vida aquello que esté en armonía con la mente y los pensamientos que dominan. Es cuando se dice que las almas gemelas se atraen o que los pájaros del mismo plumaje van juntos en bandadas.

Todo lo que sucede en la vida ha sido atraído hacía sí mismo. Se ha hecho por la clase de persona que se es. Especialmente por la manera en la que se piensa.

La ley de atracción funciona en todas partes y en todo momento, se puede tener más, ser más y hacer más porque se puede cambiar como persona. Se pueden cambiar los pensamientos dominantes por medio de un ejercicio mental disciplinado que se enfoque en el interés y se rehúse a lo que no convenga.

Ley 6. Control

La ley del control es la última de las leyes que se encarga de controlar las emociones. Es aprender a tratar de controlar los impulsos y los pensamientos que se generan en tu mente en todo momento. Es la ley para controlar las emociones que se necesitan controlar.

Esta ley no busca reprimir los sentimientos, sino que espera lograr un equilibrio en los sentimientos, como la alegría o la euforia, todos tienen una función y una utilidad y forman parte del ser humano. Controlarlos es clave para poder funcionar mejor.

Es importante estar atentos a los estados de ánimo y a las reacciones que suceden en la vida cotidiana, es buscar establecer las conexiones con los estímulos que le provocan. Hay que tener una actitud neutra, no juzgar ni rechazar lo que se siente, es trabajar en la eliminación de los pensamientos menos convenientes.

Capítulo 6. Las 7 leyes espirituales

Ley 1. Potencialidad pura

La primera ley del éxito es la ley de la potencialidad pura. Se basa en el hecho de que somos conciencia pura en nuestro estado esencial.

La conciencia pura es el estado de todas las posibilidades y donde la creatividad puede ser infinita.

Cuando se descubre la naturaleza esencial y se sabe quién se es realmente. Ese conocimiento únicamente, encierra la capacidad de convertir todos los sueños en realidad.

¿Qué es?

La ley de la potencialidad pura se basa en la conciencia pura que es el hombre. Es el campo de potencialidad pura, la creatividad puede ser infinita. La conciencia pura es la esencia espiritual. Es infinita e ilimitada. Es felicidad pura. Además, posee los atributos del conocimiento puro, el silencio, infinito, el equilibrio perfecto, ser invencible, dichoso y simple. Esa es la naturaleza de la esencia humana, según esta ley es una naturaleza de potencialidad pura.

Cuando se descubre esta naturaleza esencial, se sabe quién se es realmente. Posee un conocimiento con la capacidad para convertir todos los sueños en realidad. El hombre posee las posibilidades eternas. Todo lo que ya fue y lo que será. La ley de la potencialidad pura también se puede denominar ley de la unidad. Porque se sustenta en la infinita diversidad de la vida. Es la unidad de un solo espíritu omnipresente. No hay separación entre nosotros y ese campo de energía. El yo es el propio campo de la potencialidad pura. Entre más se desarrolle esa naturaleza más cerca se está del campo de la potencialidad pura.

La naturaleza esencial es de consciencia pura. Todo es unidad y estamos conectados con todo a través de la energía.

Es el yo más interno, cuando se vive desde el ser con un estado total de amor y alejados de otros tipos de sentimientos.

Esos momentos de la vida cuando hay presencia de felicidad con el momento presente, donde todo es positivo y los pensamientos están centrados en el presente, están a plenitud concentrados en un estado de paz mental, en el aquí y en el ahora. Con un estado de paz interna, se disfruta de la experiencia que se vive. Cuando se ve lo bueno y se está en un estado de bienestar, plenitud, un momento perfecto.

Es en ese momento que se está en el ser, no hay temores y toda actuación sucede desde el amor, se comparte, se tiene conexión directa con el universo. No hay egos presentes.

Beneficios

La ley de la potencialidad pura es la creadora de la abundancia material, el éxito, la prosperidad, todas aquellas vivencias que se pueden experimentar en la travesía de la vida.

Las características principales se basan en la atracción de las personas, en las cosas que se quieren lograr. Una persona que conoce y experimenta su yo, puede magnetizar situaciones, circunstancias y personas, lazos que surgen del amor verdadero y real.

Con la autoreferencia se experimenta el verdadero ser, el que está dispuesto a tomar y no dejar pasar ningún desafío, ni a trabajar por alcanzar los sueños, respeta a todos los seres que existen y nunca se sienten inferiores a ninguna persona. Ese es el verdadero poder, el poder del yo.

Tal como se reseñó al inicio, la ley de la potencialidad pura es una de las siete leyes espirituales del éxito. El fundamento es que se es consciencia pura. Potencialidad pura. Se posee el conocimiento puro, la felicidad pura, el equilibrio perfecto y toda la naturaleza de una potencialidad pura para alcanzar las metas que se propongan.

Cómo aplicarla

Deepak Chopra ofrece tres opciones para conectar con ese estado de consciencia pura y acceder a su poder.

La primera es la práctica diaria del silencio. Esto significa estar un tiempo sin hablar, sin oír melodías, sin ver televisión, ni leer ni cerca de ordenadores o teléfonos móviles. Es comprometerse a estar un tiempo en Ser.

Hay que darle oportunidad al cuerpo a estar en silencio, para que tenga paz mientras vas practicando y disfrutando de los beneficios y ventajas del diálogo interno.

Cuando se empieza a practicar, a lo mejor la mente comienza a hacer ruido, a causar boicot para que salgas. La mente se siente incómoda, hay que tener paciencia, la mente se va a cansar de insistir y es allí donde se podrá entrar a un silencio profundo y a sentir la quietud de la potencialidad pura.

La otra técnica es por medio de la meditación, se puede meditar por la mañana y por la noche, sería lo ideal para trabajar en el proceso de la conexión con la consciencia pura. Con la meditación se aprende a estar en un estado de quietud, es el primer requisito para llegar al campo de la potencialidad pura.

Finalmente, la tercera forma es la práctica del hábito de no juzgar, se deja de clasificar y aceptar todo como es, como ocurre. Cuando se está constantemente evaluando, clasificando rotulando y analizando se crea mucha turbulencia en el diálogo interno.

Si se toma el hábito de no juzgar, analizando siempre todas las situaciones, entonces no se deja espacio para el pensamiento. Por lo tanto, no se está en el momento presente, y no se conecta con el campo de la potencialidad pura.

A propósito de esto, Eckhart Tolle, habla de esto en su libro "El poder del ahora" donde dice que se tiene que parar el flujo de los pensamientos, que es lo que hace daño. Al principio puede sentirse como algo difícil, el solo hecho de darse cuenta que la mente no deja de hilar pensamientos, es un paso enorme.

Con la práctica poco a poco se van logrando grandes espacios donde los pensamientos no agobian, ese momento permite que se pueda lograr una conexión con el poder interior. El aprender a no juzgar crea silencio en la mente. Con mantenerse en silencio, meditando, no juzgando se puede ir acercando poco a poco a la potencialidad pura.

Es importante la conexión con nosotros mismos para poder conectar con la esencia, con el Ser.

Cuando se logra, aunque sea por pocos espacios de tiempo, llega la seguridad, la fortaleza, la valentía, la paz, y se alejan las emociones negativas.

Entre más sintonía se tenga con la mente y la naturaleza, mayor será el acceso a la creatividad infinita e ilimitada, primero se tiene que dejar atrás la turbulencia del diálogo interno, para poder conectarse con la mente rica, infinita, abundante y creativa.

Ley 2. Dar

¿Qué es?

Esta es la segunda ley espiritual del éxito. Es la ley del dar, también podría llamarse la ley del dar y recibir. Porque el universo funciona por medio del intercambio dinámico. Toda relación es una relación donde se debe dar y recibir.

Dar engendra recibir y recibir engendra dar. Porque el dar y recibir son aspectos distintos del flujo de energía en el universo y cuando se detiene el flujo de alguno de estos, se obstaculiza la inteligencia de la naturaleza.

Chopra habla al respecto de esta segunda ley universal y expone un fragmento de un texto de Rabindranath Tagore. A lo mejor las personas que tienen una relación cercana con los textos cristianos, les suena este tipo de mensajes:

- "Al que tiene mucho se le dará más y al que no tiene se le quitará incluso lo poco que tiene".
- "Trata a los demás como deseas que te traten a ti".
- "El Reino de Dios es como un hombre que echa el grano en la tierra; duerma o se levante, de noche o de día, el grano brota y crece, sin que él sepa cómo. La tierra da el fruto por sí misma; primero hierba, luego espiga, después trigo abundante en la espiga".

La sabiduría antigua, independientemente de la religión a la que pertenezca y la cultura originaria que le preceda, está llena de menciones que llevan al final a esta ley. Todo lo que se va debe volver.

Aunque aquí se habla del éxito espiritual, no del material, por lo tanto, no se habla de dar cosas materiales para obtener mayor riqueza. Las formas más poderosas de dar no son materiales, regalos interesantes y costosos, en realidad es dar el regalo de prestar atención, dar afecto, amar, apreciar, son los mejores regalos que se pueden dar y no tienen precio económico.

Cuando se intenta dar se busca activar la energía vital. Al entrar en contacto con alguien y se sea el primero en tratar al otro con respecto al amor, se recibirá el mismo regalo a cambio. Cuando se practica esta ley se ven los resultados y llega la retroalimentación, entre más se dé más se recibe.

Así como se hace con la primera ley, se sabe que cada uno es intrínsecamente rico porque se conecta con el interior, con la esencia. Con el pozo infinito del conocimiento, siempre hay algo que dar. Solo hay que rescatarlo del interior.

Beneficios

Cuando se desea en realidad tener prosperidad, abundancia y éxito en la vida. Se debe aplicar esta ley de manera exacta. La ley de dar y recibir. Es una ley maravillosa cuando se aprende a utilizar.

Ella opera en la vida a través del intercambio dinámico del universo. El cuerpo del uno y del otro se mantiene en un intercambio dinámico con el universo.

Volviendo a Chopra, este dice que "nuestra energía es una expresión de la energía del cosmos" esto quiere decir que la vida es una interacción armoniosa de todas las fuerzas y los elementos que comprenden o constituyen el cuerpo de la existencia.

Dicho esto, se empieza a notar que la vida opera mediante el desarrollo de la ley del dar.

Es por ello que la abundancia, la prosperidad, el éxito, se debe sostener en la vida con el hábito de dar y recibir. De esta manera se sostiene la afluencia. Cuando se le busca el término a afluencia se consigue la raíz en el latín donde se dice que es fluir hacía, lo que en un concepto más coloquial sería fluir en abundancia. Ahora toca preguntarse si se está listo para fluir.

Para fluir en abundancia, en prosperidad y en éxito, se debe comenzar a materializar la ley del dar y recibir. De regalar y recibir. Chopra dice en su obra "Las siete leyes espirituales del éxito" que "Dar engendra el recibir, y el recibir engendra el dar"

¿Qué tiene que ver el dinero con la ley del dar?

El dinero es un símbolo real y real de intercambio de energía vital. Cuando se dedica a acaparar dinero se empieza a bloquear el flujo de este. El dinero es energía vital, si se bloquea entonces nunca será abundante, llegará poco y se irá rápido.

La idea es ponerlo a circular, así fluye la energía vital y llegará con más poder a la vida. Aunque hay que ser cuidadoso, una cosa es aprender a que fluya y otra es malgastarlo. Son términos distintos.

No es lo mismo que no se quieran comprar los zapatos que se necesitan porque hay circunstancias que te hacen pensar que comprarlos es algo que no está a tu alcance, a comprarlos solo para arrumbarlos en el closet, junto con los otros veinte que nunca se usan. El dinero se utiliza para comprarse lo necesario, desde lo costoso hasta lo de menos valor, tanto para la persona como para la familia y demás seres queridos.

Mantener el dinero en movimiento potencia esa fuerza vital y no se sofoca, ni se estanca, retener dinero lo estrangula hasta morir.

¿Qué es más importante, dar o recibir?

Cuando se practica la ley del dar y recibir, se debe saber que lo más importante es lo que se coloca. Chopra dice "la intención debe ser crear felicidad para quien da y para quien recibe, porque la felicidad sostiene y sustenta la vida y por tanto genera abundancia, éxito y prosperidad".

Entonces, quien da de corazón, sin esperar nada a cambio, obtiene la recompensa, no se hace esperar, llega cuando tiene que llegar. Cuando se dé y se reciba tiene que ser con alegría. Así de sencillo.

Haciéndolo constantemente la energía existente en cada uno de estos actos causará felicidad. A medida que se vaya generando entonces está será aún más grande y crecerá como una gran energía vital.

La clave está en que las cosas que se desean tienen que ser muy buenas para la vida. Es aprender a desear en silencio para quienes rodean el entorno, lo mejor, que siempre vivan las mejores cosas.

Los pensamientos tienen la característica poderosa de transformar. Mientras se da se recibe, hay que aprender a dar a cualquier persona con la que se tenga contacto.

Esta ley no es solo para obsequiar materiales, es aprender a dar una sonrisa, una flor, una oración, un comentario agradable, afecto, amor. Cosas no materiales que valen muchísimo.

Ya se comentó antes, los mejores regalos no son materiales, en el momento de toparse con alguien, se le puede regalar el mejor deseo de felicidad, de éxito, de abundancia y prosperidad, darle alegría, bienestar. Esto se hace en silencio, con generosidad.

No se tendrá preocupación por las cosas materiales, incluso si no se tienen para uso propio, aunque cuando se aplica la ley uno de los beneficios es que el dinero comienza a fluir.

Para cerrar con los beneficios, una última cita de Chopra que dice que: "nuestra verdadera naturaleza es de prosperidad y abundancia; somos naturalmente prósperos porque la naturaleza provee a todas las necesidades y deseos. No nos falta nada porque nuestra naturaleza esencial es la potencialidad pura, las posibilidades infinitas".

Cómo aplicarla

Ahora es importante saber cómo aplicar la ley del dar y recibir. Por medio de tres estrategias que son muy sencillas y se pueden poner en marcha desde ya.

La primera es que cada vez que se tenga contacto con una persona se le entregue un regalo. No tiene que ser un regalo material, es mirar dentro de la persona y descubrir el pliego de opciones de regalo que se pueden dar sin necesidad de gastar dinero.

Al hacerlo de esta manera se pone en circulación la alegría, la riqueza, el éxito y la prosperidad. No solo en la vida de cada uno sino en la de las otras personas.

La segunda forma de poner en marcha esta ley es que día a día se reciba con sentimiento puro de gratitud todos los regalos que la vida brinde. Con la ley del dar y recibir se empieza a dar cuenta de la naturaleza diaria. Cada día llegan dádivas, la luz del sol, el oxígeno, el clima fresco y agradable, la sombra de los árboles, los pájaros con sus melodías, el invierno, la primavera. Todo se debe recibir con gratitud.

Cuando se recibe un regalo espiritual, social o material se tiene que recibir con sentimiento de agrado, con gratitud inmensa y con el poder de manifestarlo.

El tercero corresponde a mantener la abundancia en circulación. Es recibir y regalar dones poderosos que la vida ofrece. Es amor, cariño, paz, aprecio.

Es aprender a poner en circulación el dinero, cada vez que haya un encuentro con una persona, se le debe desear en silencio y desde el corazón, alegría, bienestar, abundancia, éxito, felicidad y prosperidad.

Solo queda poner en práctica esta ley para comenzar a ver la riqueza en todos los sentidos en la vida.

Ley 3. Causa y efecto: *Kharma*

¿Qué es?

Es de las leyes más famosas, la ley de causa y efecto o principio de causalidad. Es utilizada desde hace siglos y se ha utilizado tanto a nivel filosófico como científico.

Dice que todo es un resultado. Con esta idea se pueden hacer predicciones, prevenir situaciones, no deseadas y provocar acontecimientos que nos interesen. Para ello es necesario saber las causas que lo generan, tirar la primera ficha del dominó, ver cómo se despliega y la reacción que sucede en cadena.

La ley de causa y efecto, hace ver que en la vida nada es fruto del acaso, siempre hay una relación para que todo suceda entre lo que ocurre y lo que viene luego.

Toda causa tiene su efecto, todo efecto tiene su causa. Las cosas suceden de acuerdo a esta ley, la suerte no es más que el nombre que se le da a una ley no conocida.

Esta es una ley que muchas personas no toman en cuenta, y es realmente importante hacerlo para poder lograr buenos resultados en todos los aspectos de la vida. La ley funciona a la perfección en todos los planos y trae la realización de todo lo que se siembra. Tanto en pensamiento, como en acciones y palabras. Esto quiere decir que todo lo que se hace, se pone en movimiento como una causa y esta trae una consecuencia a continuación. La consecuencia puede ser positiva o negativa.

No existe azar, buena o mala suerte, solo hay resultados. Todos tienen responsabilidades que se deben cumplir, no se pueden evadir, cuando se evaden se tienen que hacer las correcciones pertinentes. Entre más se evadan más difícil será la corrección que se deba hacer. Las consecuencias son ineludibles. Incluso los actos más insignificantes afectan a decenas y cientos de personas. Todas esas consecuencias recaen en la persona ya que es la responsable de ese acto. Por tanto, se deben cargar con las consecuencias.

Somos seres que evolucionamos y tenemos imperfecciones, estamos expuestos a cometer errores. Cuando se piensa en positivo, entonces se logran resultados positivos.

Cuando se cambia la calidad del pensamiento se cambia la calidad de vida.

El cambio de la experiencia exterior trae el cambio de la experiencia interior. Esto es recoger lo que se ha sembrado, absolutamente todo lo que has sembrado con cada acto o palabra. Todo lo que se es o se llega a ser es el resultado del modo de pensar y la actitud. Hay que tener en cuenta que el pensamiento es el arma más importante para poder lograr los objetivos.

Cuando se desea a los demás buenas cosas, entonces al mismo tiempo se desean cosas buenas para nosotros.

En las religiones orientales se le llama a esta ley la ley del karma. La interpretan como un ajuste de cuentas o un pago por las faltas que se cometen. La concepción hermética no incluye normas punitivas, solo le atribuye la comprensión de que el hombre no es ningún pelele vapuleado por las fuerzas del destino, existe una correlación perfecta entre la gama de vivencias de cada ser y las causas ocultas que provoca. Plantea que cada experiencia incluso una dolorosa, es necesaria para aprender, cuando se decide poner fin al sufrimiento, se logra el enfoque en las causas y se actúa para modificarlas.

Un ejemplo, cuando un niño aprende a ser ordenado, más tarde en la vida esto genera resultados positivos. A lo mejor con la pareja, en el trabajo, se tendrá orden en los papeles, en los recibos, en las cuentas. Este orden le permite tener una vida más clara con objetivos trazados.

Esto se da el día que se mira el interior del ser, allí se revela la visión del desorden y el origen de esos choques sin piedad. Cuando se aplica la inteligencia entonces se puede ser ordenado y se cambia la realidad, y en vez de tropezar se cosechan satisfacciones.

El fin de la vida es transformar todo aquello que causa sufrimiento y aleja la felicidad y la paz interior.

Para poder lograrlo se dan todas las oportunidades necesarias, estas se presentan como confrontaciones dolorosas que se originan por la misma falla. Se tienen múltiples repeticiones de la misma lección y esto prolonga el sufrimiento hasta que se logre corregir el ingrediente que no es apropiado.

Esta ley dice que se vive rodeado de espejos, en realidad es otra aplicación más de la ley de la correspondencia, como es adentro es afuera. Cuando hay un logro en el interior este se ve en el exterior. Cada emoción que sucede dentro del cuerpo, se refleja en el exterior.

Otro ejemplo, cuando se es propenso a la risa, se presentarán situaciones que representen alegría. Habrá provocación constante en muchas situaciones del exterior. Esa es la que se llama buena suerte, que no es buena suerte, es un reflejo interior que se exterioriza.

En el momento en el que esta persona aprenda a aceptar la condición presente con serenidad, entonces comienza a reflejarse la escena de paz y armonía, se disfrutará esta emoción y aparecerá el amor.

Beneficios

Cuando se comprende la importancia que tiene la ley de causa y efecto, se asume que es imposible librarse de ella y se actúa en consecuencia entonces se puede conseguir lo que se desee y múltiples beneficios.

Se aprenderá a vivir un paso adelante y en alineación con los objetivos. Al tener presente esta ley, se puede adelantar a las situaciones porque se piensa con anticipación a los efectos de cada causa. Se ajustan los actos para obtener lo que se desea.

Esto implica tener un acto de reflexión, se debe planificar. Se aprende a vivir alineado con las metas de cada uno.

Otro beneficio es que se es protagonista de la vida, se deja de ser un observador pasivo. Cuando se integra la ley de causa y efecto se es consciente de que no depende del azar ni la suerte, sino que depende de cada uno.

Muchas personas esperan que las cosas marchen bien por sí solas, quieren mejoras y cambios de manera espontánea, cuando no ocurre se termina culpando al universo, a Dios o a factores externos.

Esta ley hace consciente que la vida no depende de factores externos, no hay que subestimar su poder.

Dentro de los beneficios está saber revertir lo que no conviene. Esta ley es causa y efecto. Amor genera amor, violencia genera violencia. Cuando se aprende a ver la vida desde estos parámetros se puede analizar cualquier situación y revertir cuando se prevea que las cosas no darán los resultados que se desean.

Por ejemplo, cuando se sabe que la novia reacciona con emociones ante un reproche, entonces se aprende a tratar con amor y dulzura cuando la situación lo requiera.

Cuando se dice que la clave para cumplir el éxito es el trabajo duro, entonces se sabe que ese camino es el que se necesita cuando se emprenda algo.

La buena comunicación mejora todas las relaciones, se debe saber el punto ideal para reunirse con las personas con quien se tiene una emoción: pareja, amigos, compañeros de trabajo, y así hablar de manera abierta de lo que se está sintiendo.

Sabiendo que la violencia genera violencia, entonces se sabe que se empieza a gestionar el conflicto desde otra actitud. La famosa frase de poner la otra mejilla cuando dan una cachetada, esto es saber poner en práctica la ley de causa y efecto. Es aprender a priorizar los diálogos, a conversar, bajar el tono, tener el propósito de encontrar soluciones y hablar con calma.

Otro beneficio es descubrir que cada día se puede empezar desde cero. Todos acaban recibiendo las consecuencias de sus propios actos. Los actos del pasado condicionan el futuro. Esto puede sumir en pesimismo y puede causar desanimo. Hace que se rinda, causa desastres y desgracias. Es importante decir también que todas las realidades y afirmaciones tienen doble lectura, todo inconveniente tiene una oportunidad.

La ley de causa y efecto es una oportunidad permanente. Se puede haber actuado de manera errónea, pero todo esto se puede cambiar cuando se pone en marcha una actitud más positiva. Solo se vive una realidad, la del presente. Teniendo eso en cuenta entonces se tiene la oportunidad de cambiar la vida. Toda causa tiene su efecto. Incluso el leer estas palabras.

Este momento es la oportunidad perfecta para pensar, para iniciar las cosas de otra manera, para actuar en beneficio propio desde ahora. Esta ley es una bendición que permite cada día algo distinto, es un milagro que hace que mediante cada acto se pueda mejorar la vida. Es la posibilidad constante de sembrar hoy para recoger mañana.

También puede ser todo lo contrario, esto es elección de cada quien. Cada uno sabe lo que le conviene. Especialmente cuando se hacen las cosas de manera correcta desde hace tiempo.

No se debe esperar más, se debe usar esta ley, conocerla, porque, aunque no se desee, ella actúa todo el tiempo, se debe entonces aprovechar para el beneficio propio y para hacer felices a los demás.

Cómo aplicarla

A estas alturas del tema ya se debe buscar cómo aplicar la ley en la vida de cada uno. La manera de hacerlo es muy fácil. Es asimilar a lo que se dijo anteriormente y sacar conclusiones propias. Por ejemplo:

Asumir que no se puede librar de la ley. Esta es omnipresente, se ve en todas las religiones de uno u otro modo. En todas las culturas del mundo. Librarse de ella es imposible.

Todo lo que se ha hecho en el pasado va a repercutir en algún momento.

Por eso lo mejor es actuar siempre a favor de tu bienestar, que todas tus conductas construyan una realidad completamente favorable para ti.

Una persona que se ha relacionado socialmente con el entorno, cuando tiene algo qué resolver sabrá a quién acudir para pedirle ayuda.

Tener un estilo de vida donde todo lo bueno fluya, donde puedas sentir amor y brindar amor, donde puedas sentir paz y ser un ente de paz, donde tus actos sean favorables para todos los que te rodean, de manera que así eso sea lo que vayas atrayendo para ti y sea eso lo que determine tu realidad futura como la presente.

Cuando se han pasado años estudiando y ensayando idiomas, al ir a otros países se podrá comunicar en estos idiomas que se dominen.

Al ayudar a los demás, dar buenos consejos, tener relaciones cordiales y ser justo y honesto con las demás personas, traerá reconocimiento, amor, cariño y respeto por parte de estas. Se construyen relaciones saludables y verdaderas con personas afines, tanto en el presente como en el futuro.

Hay que tener presente la ley y ser coherente con ella, esto trae ventajas. Aprovechar cada elemento de ella para nuestro provecho.

Cuando se conoce entonces se puede poner en marcha, se es más eficaz y se obtienen resultados a lo que se desea cada día. Cada uno recibe lo que da. Siempre se obtienen las consecuencias de los actos propios. Se acaba teniendo lo que se merece. ¿Se quiere esto para la vida?

Por lo tanto:

Si se quiere ser médico o ingeniero, se puede conseguir ese título si todas tus acciones son coherentes a ese deseo.

El deseo de crear una empresa necesita tomar algunos riesgos y trabajar muy duro.

Para poder recibir un trato lleno de cariño y respeto, no se debe menospreciar, ni maltratar ni agredir o gritar. Se va mejor cuando se trata con amabilidad, paciencia, respeto y se concilia con ellas.

Cuando se quiera tener un cuerpo saludable, con fuerza, se tiene que comer saludable, hacer ejercicio.

Así se aplica la ley de causa y efecto.

Ley 4. Menor esfuerzo

¿Qué es?

Cuando se está en una situación en la que se tienen varios caminos disponibles, es en este momento que únicamente se puede recorrer uno, el camino que se habrá de escoger es el que implique un menor gasto de energía. Visto en términos de tiempo, esfuerzo e inversión.

La ley del mínimo esfuerzo no es mala, esta optimiza los esfuerzos hacía los objetivos que se han trazado. No es que predisponga a la inacción, sino que lleva a actuar de un modo más inteligente y eficiente.

A medida que se tiene más experiencia y madurez se encuentran maneras más sencillas de satisfacer las necesidades diarias y de resolver algunos asuntos que antes parecían un gasto de tiempo y energía mayor.

Es bueno verlos desde el punto de vista de la navaja de Ockham, este es un principio filosófico donde se explica que las teorías en igualdad de condiciones tienen las mismas consecuencias, la teoría más sencilla es la que tiene más oportunidad de ser la idónea.

La ley del mínimo esfuerzo es muy parecida a esta. En nuestro día a día, se prefiere más lo fácil que lo complejo. Se quiere hacer más con menos.

Beneficios

La ley del mínimo esfuerzo se relaciona con el renunciar y dejar que todo fluya. Algunos pueden pensar que se trata de un enfoque que exalta demasiado la actitud relajada y despreocupada. No es así, es buscar la solución ideal por el camino más fácil.

Esta ley señala que lo fácil debe ser valorado como algo bueno, que menos es más y que bien es suficiente.

Los caminos más sencillos implican menor esfuerzo, estos son los mejores, en ocasiones ser menos perfeccionista da mejores resultados.

Una mente que es fluida es más eficaz y ahorra esfuerzos. Lo que muchas veces no se conoce es la manera de hacer que la mente fluya. Según los principios se deben cumplir con cinco condiciones para que esto suceda. Cuando se disfruta de lo que se hace se obtienen mejores resultados.

Cuando se pone más empeño en lo que captura la atención entonces el tiempo vuela y los resultados son mejores.

El crédito de aplicar esta ley deja muchos beneficios, las actividades se pueden desarrollar en una dinámica donde prima la inercia. Pocas veces se cuestiona el procedimiento rutinario que ofrece buenos resultados y esto podría ser una alternativa más efectiva.

Cómo aplicarla

Es practicar la aceptación, aceptar las situaciones, las circunstancias tal y como se presenten. Se sabe que en ese momento es como debe ser porque todo el universo es como tiene que ser.

Es no luchar contra el universo, poniéndose en contra del momento presente, sino aceptar de manera total y completa las cosas que suceden en ese momento. Tal como son y no como se desearía que fueran.

Al haber aceptado las cosas como son se aceptan la responsabilidad de las situaciones, y de los sucesos que ocurren, de la manera en la que se perciben los eventos. Es asumir la responsabilidad, no culpar a otros, esto incluye a la propia persona. Todo evento es una oportunidad que se ha disfrazado, es una actitud de alerta que permite transformar el momento en beneficio propio.

Es mantener la consciencia en una actitud que no sea defensiva. Renunciar a la necesidad de defender un punto de vista. No sentir la necesidad de convencer o persuadir a los demás para que acepten los puntos de vista. Es estar abierto a todas las opiniones sin aferrarse con rigidez a ninguna de ellas.

Ley 5. Intención y deseo

¿Qué es?

Esta ley dice que todo lo que existe está hecho de lo mismo, de información y de energía, tanto las plantas, animales, los humanos, todo. Todo está conectado. El cuerpo no es independiente del cuerpo del universo. El universo es el cuerpo ampliado.

Einstein, sabios, maestros espirituales, la física cuántica, todos ellos vienen diciendo que lo que se haga influye en el entorno. Aunque Deepak Chopra lleva el concepto a los límites de lo que significa y se relaciona con el universo.

Trata de enseñar que como ser humano se posee un sistema nervioso privilegiado, no se permite ser consciente de la propia energía y de la información. Esto como especie capacita para influir en el entorno. No se está encerrado en una red rígida de energía e información.

Esto quiere decir que cuando se es consciente y flexible se puede influir en el entorno y en el futuro. Se trata de explicar que para ello es necesario tener una intención de un objetivo como una ley universal, independientemente del nombre que se le dé. Se encarga de todos los detalles.

Entrando en terreno práctico no se vende la idea de que al desear algo con fuerza ya se consigue, no es así de fácil. El proceso tiene su complejidad.

Para poder cumplir con este poder se tiene que contar con el conocimiento de la primera ley universal, la de la potencialidad pura. De este modo se asegura la intención de lograr lo que sea ese deseo desapegado.

Posterior explica que el futuro se crea en base a esa intención, es clave que se parte de este concepto de que el tiempo es el movimiento del pensamiento, o sea, que el pensamiento es una interpretación de las fuerzas abstractas, la memoria, los recuerdos, por tanto, el futuro es la proyección de esas fuerzas abstractas.

Solo el presente es consciencia real y eterna. El pasado y el futuro nacen en la imaginación.

Cuando se tiene la intención desapegada, se puede crear el futuro, no se debe luchar contra el presente. Con la atención puesta en el presente, con la consciente de lo que acontece en este momento, se puede crear el futuro.

Manteniendo la atención en el presente, la intención hacía el futuro se va a cumplir porque el futuro se crea en el presente, se debe aceptar el presente como es, cuando se logra se proyecta el futuro.

Beneficios

El acto de poner la atención en un objeto, desencadenará muchos sucesos espacio temporales que se orienten al resultado buscado. Cuando se cumplan estas leyes espirituales del éxito se debe a que la intención, dirigida en un campo fértil de la atención, tiene un amplio poder de organización.

Se pueden organizar muchos sucesos espacio temporales, todos a la vez. Esto se ve en cada hoja de un árbol, en una flor, en cada célula del cuerpo, se ve en todo lo que tiene vida.

Ya que todo se conecta y correlaciona. Cuando las hormigas buscan alimentos con más ahínco se sabe que pronto llegará la temporada de lluvias o cuando la marmota sale de la madriguera es porque viene la primavera. Las aves van en una dirección en determinada época del año. Toda la naturaleza es una sinfonía que sucede en silencio, desde el último fundamento de la creación.

Mientras no se infrinjan las otras leyes de la naturaleza se puede dirigir las leyes de la naturaleza a través de la intención, para hacer que los sueños se materialicen.

Cómo aplicarla

Para poderlo aplicar lo primero que se tiene que hacer en crear un plan de vida, plasmarlo en papel de acuerdo a todo lo que se desearía lograr, en cuanto a los objetivos. Para hacer este plan se aconseja que se conozca bien la ley. De este modo se depura la ley, editando los símbolos que no son reales objetivos.

Luego de tenerse la lista entonces se liberan los deseos, se le dan al seno de la creación y se confía en la consecución. Es importante dejarle los detalles al universo, no decirlos a nadie a menos que sea alguien con las mismas intenciones.

Al final se tiene que confiar incluso cuando las cosas no salgan como se espera. La naturaleza es muy sabia y si las cosas no apuntan a donde se desean es porque no conviene en este momento. Cuando más consciente se es de esto, si se acepta, si se confía, se lograrán los objetivos.

Esto sucederá:

- Siempre y cuando se cumplan el resto de las leyes espirituales del éxito.

- Que no se luche contra el presente.

- Que los objetivos sean buenos para uno mismo y para la humanidad.

- Que no se olviden los objetivos y se practique la meditación para conectar con la consciencia pura y poniendo atención en el presente.

El método Silva se puede combinar con esta ley para lograr mejores resultados.

Ley 6. Desapego

¿Qué es?

Es una ley que trata de rematar la capacidad organizadora, enseñando para que se adquiera algo en el universo se tiene que renunciar al apego. No se trata de renunciar al plan que se acaba de plasmar, según decía la ley anterior. No se renuncia a la intensión de cumplir el deseo, ni a la intención ni al deseo, se renuncia al interés por el resultado.

El apego se basa en una serie de emociones que debes aprender a superar, es el ego trabajando. El desapego es la seguridad incuestionable del poder del verdadero yo interior, el apego es el producto de la consciencia de la pobreza que está interesada en tener cosas materiales.

La verdadera consciencia de la riqueza es la que tiene capacidad para tener lo que se desea cuando se desea, con poco esfuerzo, cada que se quiera tener. Las personas siempre buscan tener seguridad, es algo que se persigue toda la vida.

"La seguridad es evasiva y efímera porque no puede depender exclusivamente del dinero. (…) La búsqueda de la seguridad es una ilusión. (…) Ahí no hay evolución, y cuando no hay evolución sobreviene el estancamiento, el desorden, el caos y la decadencia."

Esto lo dice Chopra, con la ley de la intención siempre se tiene una intención, una meta, con la ley del desapego no se sabe lo que va a ocurrir, es ahí donde toca ser flexible y aprender a dejar fluir. Siempre puede haber una mejor meta. Algo que sea más fascinante, más enriquecedor que lo primero que se ha planteado.

Cuando se alcanza la sabiduría de la incertidumbre se puede trabajar con la seguridad y la solución va a llegar. Se confía en el yo interior, en los desapegos y se trabajan las emociones en todos los ámbitos, en las aventuras, los misterios, en la fiesta, en la magia. En todos los aspectos.

Se debe dejar atrás la idea rígida de que las cosas tienen que suceder así. Se aprende a aceptar las cosas tal como suceden.

Dentro de la ley del desapego hay varios subcapítulos. Uno es que se es responsable de sí mismo. Invoca un principio básico del crecimiento personal, la responsabilidad. Se debe pensar en esto, nadie va a retirar por nosotros las piedras del camino. Nadie respira por los demás, tampoco se ofrecen a cargar nuestros dolores y penas.

Se tiene que vivir el presente y asumir la realidad, en esta vida nada es eterno. Las cosas no permanecen, sino que fluyen. Se tiene que tejer y aceptar el orden natural de las cosas. Es aprender a centrarse en el presente y todo lo que sucede en este entorno.

La ley del desapego promueve que haya libertad para ser libres. El desapego no es cortar vínculos o establecer lazos con frialdad emocional, al contrario, es estar en una dimensión donde se aprenda a limar circunstancias para amar de manera autentica y con respeto. Es saber dar y permitir recibir sin presiones, sin necesidades ciertas, sin reservas.

También es aprender a asumir las pérdidas que tarde o temprano llegan. Es una corriente budista. Es aprender a entender que sucedió y no hay vuelta atrás. En la vida nada perdura y nada se puede contener eternamente. Las relaciones incluso los materiales cambian, maduran y terminan por desvanecerse. Se debe asumir la idea de que todo cambia y la pérdida es una ley vital que no se puede ignorar.

Beneficios

Tiene muchos beneficios. Uno de ellos es que ayuda a aceptar todo lo que sucede y a aceptarlo con buena actitud. No todos están acostumbrados a ella.

Las personas que practican el desapego aprenden a disfrutar incluso a la soledad. Salen del agujero de la dependencia emocional, se aprende a hacer las cosas por sí solas. No se depende de la opinión de otros para tomar decisiones. Tener gente al lado es bueno, no es limitante para cuando se tienen que tomar decisiones.

Ayuda a romper cadenas con terceros. El desapego es capaz de romper cadenas y vínculos que no son saludables. Especialmente las relaciones no beneficiosas. Se cierra la puerta para abrir una llena de tranquilidad y mejores experiencias. Se aprende a enfrentar el desapego emocional, permite que las cadenas que se tienen con otros se rompan, es mejor practicar un desapego saludable, inspirar confianza, permitir que los demás hagan cosas por sí mismos.

Esta ley ayuda a ser feliz con los demás. Es tener afecto con otra persona sin controlar o dominar. Es confiar en ella, el desapego ayuda. Una relación de pareja donde se tiene mucho amor, controlar los movimientos no es apego, es dominio. Se debe aprender a dominar las emociones y contribuir a tener relaciones de pareja más saludables para ser más felices.

La ley ayuda a vivir el presente. Dejando atrás todos los pensamientos del pasado, buscando emociones más saludables. Hay que aprender a soltar, aceptar lo sucedido y vivir el presente totalmente.

Esta ley tiene otro beneficio: se enfrentan mejor las pérdidas. Tarde o temprano se pierde, cosas materiales, amigos, familiares, todo del entorno.

Es más fácil aceptarlas cuando se controlan las emociones, cuando se aprende a practicar el desapego emocional, esto será más fácil para poder asimilar las nuevas situaciones.

Se debe ser consciente de que no vas a poder conservar la juventud eternamente. Los niños crecen, las pérdidas son normales y necesarias. Se puede perder lo amado, esto no tiene por qué detener el curso de la vida.

Cómo aplicarla

Dijo Buda:

El mundo está lleno de sufrimientos; la raíz del sufrimiento es el apego; la supresión del sufrimiento es la eliminación del apego.

El desapego se puede definir como la carencia de sed, cuando una persona tiene desespero por beber agua es distinta a cuando una persona no quiere tomar porque está saciado.

¿Cuál de las dos personas tiene paz, la sedienta o la saciada?

Ahora se debe observar el mundo y las emociones que se ven reflejadas en cada uno.

Hay que ver la causa, la situación económica, el puesto de trabajo, las situaciones en el entorno. Cuando se analiza a consciencia se descubre la raíz de la emoción, la felicidad o infelicidad se lleva consigo. A donde se vaya, es una emoción que no puede escaparse porque está en la programación, en la computadora del cerebro. Las creencias que se tienen, esas que se ven con tanta lógica, en realidad crean un sentimiento que puede ser libertad o dependencia.

La mente no deja de producir emociones, al analizarlas se descubren el origen de todas ellas.

Entonces la ley se pone a funcionar con el compromiso de hacer lo siguiente:

Comprometerse con el desapego, permitiendo que lo que está alrededor tenga la libertad   de ser, no imponer opiniones de manera terca, no forzar soluciones y no crear otros nuevos. Se debe participar en un desprendimiento absoluto.

Se debe convertir la incertidumbre en un elemento esencial de las experiencias, para poder enfrentar el desorden y el caos. Entre más inciertas parezcan las cosas más seguro se debe sentir porque la incertidumbre lleva a la libertad. Por medio de la sabiduría de la incertidumbre se encuentra la seguridad.

Se debe entrar en el campo de las posibilidades para esperar las emociones que tienen lugar cuando se mantiene la mente abierta a las alternativas.   Es entrar en el campo de las opciones y experimentar el regocijo, la magia, la aventura y el misterio de la vida.

Ley 7. Propósito: *Dharma*

¿Qué es?

Esta es la séptima ley espiritual del éxito. Dharma es un vocablo en sánscrito que significa "propósito en la vida". La ley dice que nos hemos manifestado en forma física para cumplir con un propósito.

Esta ley dice que cada uno de nosotros posee un talento único, y una sola manera de expresarlo. Hay una cosa que cada persona puede hacer mejor que cualquier otro en el mundo.

Por cada talento único y cada expresión única existen necesidades únicas, cuando esto se une con la expresión creativa del talento, surge una chispa que crea la abundancia. Expresar los talentos satisface las necesidades y la abundancia sin límites.

La ley del Dharma tiene tres componentes.

El primero dice que cada uno de nosotros está aquí para descubrir el verdadero yo. Lo debe hacer por su propia cuenta, el verdadero yo es espiritual, somos en esencia seres espirituales que han adoptado formas físicas para poderse manifestar.

El ser humano no es un ser que tiene experiencias espirituales ocasionales, sino al contrario, son seres espirituales que tiene experiencias humanas ocasionales.

Cada uno está aquí para descubrir el yo superior o espiritual, es la primera forma de cumplir con la ley del Dharma. Se debe descubrir en cada uno el embrión que quiere nacer para expresar la emotividad.

El segundo componente de la ley del Dharma es la expresión del talento único. Cada uno posee un talento único. Hay una cosa que se puede hacer como ningún otro la puede emprender. Cuando se está desarrollando esta actividad se pierde la noción del tiempo, la expresión de ese talento único lleva a un estado de consciencia atemporal.

El tercer componente de la ley del Dharma es el servicio a la humanidad, servir a otros y preguntarse siempre cómo puede ayudarse al prójimo.

Cuando se puede expresar el talento único que se posee, entonces se puede poner al servicio de los demás. Aplicando esta ley y ayudando al otro, es imposible no llegar a la abundancia.

No es una abundancia transitoria, sino una que permanezca en virtud de los talentos que se tienen, es una manera de expresarlo y de poner al servicio de otros lo que se descubre. Antes de preguntarse qué se gana con eso, mejor es preguntarse cómo se puede ayudar.

Beneficios

La primera ley dice que cada uno de nosotros tiene un propósito en el mundo, el beneficio que ofrece es aprender a conseguir esa esencia, para poder descubrir los medios para alcanzar las metas soñadas.

Es aprender a conocer el propósito de la vida. Es aprender a tener el conocimiento único que nadie más posee en el mundo y usarlo no solo para el beneficio propio sino para ayudar a los demás.

Cómo aplicarla

Cuando se desea utilizar al máximo la ley del Dharma se tiene que hacer un compromiso a varias cosas:

El primer compromiso es que se busque por medio de la práctica espiritual conseguir el yo superior, el cual se encuentra más allá del ego.

El otro compromiso es descubrir los talentos únicos y descubrirlos en la vida para poder disfrutar en la consciencia atemporal, es en ese momento en el que se entra en una dicha completa.

El tercer compromiso es preguntarse en qué puede ayudar a la sociedad ese talento único. Se debe responder a la respuesta práctica para utilizar los talentos únicos y atender a las necesidades con el deseo de ayudar a servir a los demás.

Se tiene que hacer una lista de las respuestas a dos preguntas:

¿Qué haría si no tuviera que preocuparme por dinero y a la vez tener todo el tiempo del mundo?

Si se quiere seguir haciendo lo que se hace ahora entonces se está en Dharma. Se expresan los talentos únicos.

¿Cuál es la mejor manera en la que puedo servir a la humanidad?

Se debe responder la pregunta y ponerla en práctica.

Se debe descubrir la divinidad, encontrar el talento y de esta manera poder ayudar a la humanidad. Así se crea la riqueza que se desee y se hace el mundo un poco más bonito.

Cuando las expresiones creativas coinciden con las necesidades del prójimo la riqueza pasa espontáneamente de lo que no se ha manifestado a manifestarse, del reino espiritual a la forma.

Se empieza a experimentar la vida como una expresión milagrosa de la divinidad. No de manera ocasional, sino con la alegría verdadera y el significado real del éxito.

Conclusiones

Comprender el mundo puede parecer una tarea compleja, significa aprender a abrir los ojos más allá de lo que se ve a simple vista. El universo es maravilloso y el ser humano posee tantos talentos disponibles para alcanzar la abundancia y la vida que se desea, todos deberían abrir la mente para lograr los objetivos que tanto desean.

Comprender la mente consciente y la mente subconsciente es el primer paso para abrir las posibilidades a un universo indescriptible. Es aprender a cambiar los pensamientos y las emociones, aplicar las leyes del universo para poder casarse con la ley de atracción, haciendo que lleguen a la vida todas las opciones disponibles. Comprender que se puede mejorar el mundo externo e interno con los pensamientos como fuerzas reales, y aprovechando el poder de la mente para crear mensajes positivos que generen cambios en todo nuestro entorno.

Querer cambiar lo que se es, comprende aprender a cambiar la manera en la que se piensa. Trabajando las anclas mentales, modificando las que generan dolor por unas anclas más positivas, aprovechar las aformaciones, usar mapas mentales y mapas de sueños, modificar esos hábitos que pueden causar que se ralentice el crecimiento. Son tantas las opciones.

Finalmente, las leyes espirituales, tan poderosas, presentes y olvidadas por muchos, quienes creen que son inmunes a ellas, cuando no es así.

Ascender a ese nivel de espiritualidad permite que se alcancen los objetivos que siempre se han planeado, es aprender a reconocer el lugar en el mundo, es aprovechar las leyes para nuestro beneficio.

Es aprovechar la potencialidad pura para atraer lo que se quiera a nuestro entorno, aprender que la mejor manera de ganar es aprender a utilizar la ley de dar y recibir.

Saber que todas las acciones que se hacen en la vida tienen un efecto y que la ley de causa y efecto o la ley del karma siempre pasan factura y nadie es inmune a ella, entonces aprovechar ese don que posee permite que se puedan alcanzar niveles superiores y crecer como seres humanos.

Saber que se pueden hacer las cosas con el menor esfuerzo y lograr mejores resultados, incluso mejores que si se hicieran con un esfuerzo titánico que podría traer otras consecuencias.

Es reconocer que los apegos solo traen dolor y sufrimiento, que se puede alcanzar la felicidad cuando se aprende a soltar.

Ser feliz y tener éxito, alcanzar lo que se desea, es posible, solo se necesita que se comprenda mejor el universo, aprender a utilizar las herramientas que están arraigadas desde que se nació y utilizarlas para nuestro provecho y por defecto para el entorno, haciendo del mundo un lugar mejor.

MELISSA H.